Anja Fichtel • Prof. Dr. Wolfgang Schlicht

*Walk dich fit*

# Schlank und aktiv durch Nordic Walking

HamppVerlag

Bildnachweis: AOK Mediendienst: 45, 87; Exel: 5 (2), 7 (2), 8 u., 9, 21 r., 22, 24, 27 (2), 30, 32 (3), 34 (3), 35 o., 37, 39 r., 41, 59, 67, 68, 70, 84, 85, 88 u.; Exel/stefan-schuetz.com: 8 o., 21 l., 30 u., 33, 39 l, 40 u., 77; Fischer GmbH: 16 u.; Irisblende: 42, 82; Istockphoto/Eirik Vassvåg: 19; Mellenthin, Klaus: 11, 14, 15 o., 23, 28, 31, 35 (3 u.), 36 (2), 49, 50 (2), 52-55 (8), 60-65 (14), 71, 74 u., 88 o. l.; Merkle, Tobias: 3; MEV: 16 o., 18, 40 o.; NASA: 78; Photodisc: 44, 56, 57, 75 o., 81; Polar Electro GmbH: 29, 73; Weser, Jutta: 15 u., 88 o. r.; zefa/stockbyte: 13.

Quellennachweis: Check „Fragebogen zur Gesundheit", S. 18: modifiziert nach Thomas, S., Reading, J. und Shepard, R.J.: Revision of the physical ativity-readiness questionnaire (PAR-Q), Journal of Sport Science, 17, 338-345, 1992.



Projektentwicklung und -leitung: Jürgen Mann, Ulrich Lenz,
Hampp Media GmbH, Stuttgart
Text: Wolfgang Schlicht, Melanie Schölzke, Stuttgart
Redaktion: Melanie Schölzke, Hampp Media GmbH, Stuttgart
Fachliche Beratung: Michael Clement, Stuttgart, Uwe Jahn, Leipzig
Layout und Satz: solutioncube, Reutlingen
Herstellung: Tina Schröder, Hampp Media GmbH, Stuttgart
Covergestaltung: Parzhuber & Partner - Agentur für Marketing GmbH, München
Coverfoto: Klaus Mellenthin, Stuttgart
Repro: Baun PrePress, Stuttgart
Druck und Bindung: Stürtz GmbH, Würzburg
ISBN: 3-936682-36-4

Printed in Germany

Über weitere Bücher des Verlags können Sie sich informieren unter:
**www.hamppverlag.de**

*Machen Sie mit!*

# Die Aktion 100.000 Schritte

## Liebe Leserin, lieber Leser,

„Walk dich fit“ lautet das Motto unseres Aktionsprogramms „100.000 Schritte“. Nordic Walking ist Trend, und das aus gutem Grund. Es macht Spaß, ist top für die Figur und für jeden rasch erlernbar. Jeder kann es schaffen, in acht Wochen 100000 Schritte zu gehen. Wie das mit den Schritten funktioniert? Ganz einfach, mit dem Schrittzähler! Der begleitet Sie, auf Ihrem Weg in ein bewegtes Leben, macht Ihre Leistung in Zahlen fassbar und motiviert Sie, am Ball zu bleiben.

## Sind 100000 Schritte nicht zu viel?

Diese Frage wird sich so mancher Leser stellen. Aber keine Angst, die Distanz ist gut zu bewältigen. Wenn jemand eine Schrittlänge von 70 Zentimetern hat, kommt er bei 100000 Schritten auf 70 Kilometer. Diese Strecke auf acht Wochen verteilt ergibt zwar ein Sportpensum, auf das jeder Teilnehmer stolz sein kann, bei dem er aber trotzdem keine Angst vor Überforderung zu haben braucht.

## Und wer keinen Schrittzähler hat?

Ohne Frage sorgt der Schrittzähler beim Nordic Walking für jede Menge zusätzlichen Spaß und mehr Motivation. Trotzdem können Sie natürlich auch ohne Schrittzähler bei unserem Programm mitmachen. Dann orientieren Sie sich einfach an den Zeitangaben, die Sie im Buch neben den Schrittangaben finden. Auch damit trainieren Sie in einem Umfang, der Sie zwar gut in Schwung bringt und fit macht, Sie aber nicht überfordert.

Wir freuen uns, dass Sie bei der „Aktion 100.000 Schritte“ mitmachen und wünschen Ihnen viel Spaß beim Nordic Walking.

**Ihr Aktion 100.000 Schritte Team**

*Besuchen Sie uns auch auf unserer HomePage www.100000Schritte.de*

# INHALTSVERZEICHNIS

*an die Stöcke, fertig, los …*

# … ein paar Worte zum Nordic-Walking-Programm

eins

# Aktiv werden – diesmal funktioniert`s

Was Sie sich wünschen, das wissen Sie: Schlanker sein wäre schön, nicht schon nach zwei Treppenabsätzen aus der Puste geraten und sich ein wenig ausgeglichener fühlen. Dass Sport treiben das Beste wäre, um fitter und attraktiver zu werden, ist Ihnen bewusst ... schließlich haben Sie sich ja dieses Buch gekauft. Doch Tatsache ist auch, dass Sie schon öfters motiviert waren, Ihr Leben von nun an bewegt zu gestalten, es aber nicht geklappt hat, diesem Wunsch Taten folgen zu lassen. Das wird diesmal anders – wir bewegen Ihr Leben so, dass der Sport Ihnen richtig Spaß macht und Sie dauerhafte Lust daran gewinnen.

## Der Geist ist willig ...

... aber das Fleisch ist schwach. Gehören Sie auch zu den vielen Menschen, die die Absicht, ein aktiveres Leben zu führen, schon lange mit sich herumtragen – erfolglos mit sich herumtragen? Und die sich gelegentlich fragen, warum der Körper nicht das tut, was der Kopf eigentlich will? Warum bleiben Sie trotz der Absicht, einen Abendspaziergang zu machen, faul auf dem Sofa sitzen? Warum klappt es mit Ihrem Vorsatz, morgens joggen zu gehen, höchstens fünf Tage lang?

Die einfache Antwort: Weil es menschlich ist! Denn gute Vorsätze allein reichen nicht aus, damit man sein Verhalten ändert. Der Mensch ist eigentümlich, er (und damit auch Sie) benötigt eine clevere Strategie, um sich selbst zu überlisten und Gewohnheiten zu ändern.

Nicht Zwang, sondern nur Freude am Tun können aus einem guten Vorsatz eine dauerhafte Handlungsmotivation werden lassen und langfristig das Leben verändern. Damit Ihre Wünsche eine Chance auf Verwirklichung bekommen, haben wir dieses Buch geschrieben und die „Aktion 100.000 Schritte" ins Leben gerufen: Ein Programm, das eine tolle Sportart anbietet und ein spielerisches Ziel, damit Ihre Vision von einem bewegten Leben Wirklichkeit wird.

*In schöner Umgebung ist Nordic Walking die optimale Mischung aus Naturgenuss, Ausdauersport und Wohlbefinden.*

## Nordic Walking ist top

Nordic Walking ist eine Sportart, die in hervorragender Weise Lust an der Bewegung wecken kann: Hoher Spaß- und Fitnessfaktor mit geringem Verletzungsrisiko. Wer die Technik des Nordic Walkings einmal verinnerlicht hat, der wird rasch merken, wie er beim Gehen den Gedanken wunderbar freien Lauf lassen, wie er den Kopf vom Ballast des Alltags entleeren und wie er gleichzeitig die Natur genießen kann. Wer mit einem Partner oder in der Gruppe walkt, findet einen Gemeinschaftssport ohne Wettbewerbsdruck, bei dem man sich bestens unterhalten kann.

Für Figur und Gesundheit ist jeder Nordic-Walking-Schritt ein Gewinn. Nordic Walking trainiert Ihr Herz-Kreislauf-System, bringt den Stoffwechsel in Schwung und formt auch noch den Oberkörper – die Ausdauersportarten Laufen oder Radfahren haben diese Wirkung kaum! Über 90 Prozent aller Muskelgruppen des Körpers werden beim Nordic Walking eingesetzt, mit einem kräftigen Stockeinsatz bringen Sie neben der Bein- und Gesäßmuskulatur auch die Arm-, Schulter-, Rücken- und Bauchmuskulatur in Form.

Und dann wäre da noch der Energieumsatz zu erwähnen. Rund das Siebenfache der Energie, die Sie beim Sitzen benötigen, investieren Sie, wenn Sie im mittleren Anstrengungsgrad mit Stockeinsatz zügig gehen.

## Schlank mit Nordic Walking und Geduld

Mit Nordic Walking kann man wunderbar abnehmen. Aber nicht von heute auf morgen, man wird nicht urplötzlich zum Sportler oder zur Sportlerin. Und auch das Übergewicht, das Sie mit sich herumtragen, ist nicht über Nacht weg – wenn Sie ehrlich sind, müssen Sie auch zugeben, dass es nicht über Nacht angewachsen ist. Seien Sie geduldig und ausdauernd mit Ihrem Sportprogramm, dann wird sich der Erfolg einstellen. Innerhalb der ersten 100 000 Schritte werden Sie Ihre Muskeln stärken, und nach den 100 000 Schritten gilt: Machen Sie weiter mit Ihrem Aktivitätsprogramm! Ihr Körper braucht Zeit, um sich an die neuen Herausforderungen anzupassen, und viele Vorteile des Sports ergeben sich erst nach wochenlangem Training.

*Mit den Stöcken kann man überall walken – auch in der Ebene und am Meer.*

## Mit Sport den Energieumsatz steigern

Jede in Deutschland lebende Person nimmt im Durchschnitt täglich mehr als 3000 Kilokalorien zu sich. Bei einem Tagesbedarf von etwa 2500 Kilokalorien pro Person bleibt da einiges übrig. Das kann man dann sehen – meist am Bauch und auf den Hüften. Und man kann es spüren – wenn das Bücken schwer fällt oder man bei der kleinsten Anstrengung außer Atem gerät. Den Energieumsatz steigern, das ist die Lösung.

## Im Visier: die negative Energiebilanz

Wenn man es schafft, mehr Energie zu verbrauchen, als durch das Essen aufgenommen wird, dann ist die Energiebilanz negativ, und man befindet sich in einem Bereich, in dem der Körper zur Gewinnung der Energie das körpereigene Fettgewebe abbaut. Was sich so einfach anhört, hat allerdings einen Haken. Man muss tatsächlich viel körperliche Arbeit leisten, um mit der Nahrung aufgenommene Energie durch Sport wieder zu verbrennen.

## Ein Cheeseburger mit Pommes zum Beispiel

Um etwa einen Cheeseburger und eine Portion Pommes mit rund 650 Kilokalorien umzusetzen, müsste eine Frau von 60 Kilogramm gut zwei Stunden Gymnastik treiben. Eine übermäßige Ernährung unmittelbar durch mehr Bewegung zu kompensieren, ist vom Zeit- wie auch vom Kraftaufwand ausgesprochen aufwändig, manchmal gar nicht möglich. Wenn Sie also abnehmen möchten, dann müssen Sie auch die Seite der Energieaufnahme bedenken, Sie müssen das Essen Ihrem Aktivitätsniveau anpassen. Langfristig gesehen hat Bewegung für die Energieumsatzprozesse im Körper jedoch enorme Vorteile.

### Ausdauertraining lohnt sich, denn Sie …

- **aktivieren Ihren Stoffwechsel, erhöhen Ihren Energieumsatz und verbrennen mehr Kalorien,**
- **straffen Ihr Gewebe und verringern den Fettanteil Ihres Körpers,**
- **stärken Ihr Herz und verringern das Risiko für Herz-Kreislauf-Erkrankungen,**
- **bauen Stress ab und können besser schlafen und**
- **fühlen sich entspannt und zufriedener.**

## AOK-Tipp: Sport optimiert rundum!

Ein hoher Energieumsatz in Ruhe unterstützt die Gewichtsregulation. Und da auch das Herz ein Muskel ist, wird dieses ebenfalls durch gezieltes Training gestärkt. Sie merken das bereits nach einigen Trainingswochen an einer Senkung Ihrer Ruhe-Herzfrequenz. Das kommt daher, dass der Herzmuskel durch das Training gekräftigt ist, pro Schlag mehr Sauerstoff durch den Körper pumpen kann und dementsprechend seltener schlagen muss.

Auch der Stoffwechsel baut sich durch Sport um. Die Energieprozesse, die notwendig sind, um körperliche Arbeit zu verrichten, laufen bei trainierten Personen wesentlich gekonnter und effizienter ab als bei Untrainierten. Beispielsweise klappt bei Trainierten die Umwandlung von Fettsäuren in Energie deutlich wirkungsvoller als bei Nichtsportlern.

## Langfristigkeit ist Trumpf

Regelmäßiger Sport bedeutet mittel- und längerfristig mehr Muskelmasse; mehr Muskelmasse bedeutet einen höheren Ruheumsatz; ein höherer Ruheumsatz bedeutet, dass der Körper für alle Prozesse mehr Energie in Form von Fett wie auch von Kohlenhydraten verbraucht. Immer und überall benötigt ein Sportler mehr Energie als ein Untrainierter – ob nun beim Sitzen, beim Schlafen oder beim Fernsehschauen. Und das ist praktisch, ein Sportler hat einen sehr aktiven Stoffwechsel und verbrennt, um es salopp zu formulieren, damit sein Fett quasi im Schlaf.

Dazu kommt, dass regelmäßiges Training die Körperchemie verändert und die Fettsäure abbauenden Enzyme zunehmen. Wenn Sie Ihr Sportprogramm durchhalten, verbrennen Sie nach einigen Wochen Training viel mehr Fett innerhalb des gleichen Zeitraums, als es zu Beginn Ihrer sportlichen Ambitionen der Fall war.

*Beim Sitzen wie beim Schlafen: ein Sportler verbraucht mehr Energie als ein Untrainierter.*

*Training mit Erfolg:*

# Das bietet die „Aktion 100.000 Schritte“

Damit Sie Ihr Vorhaben, sich mehr zu bewegen, nicht frustriert abbrechen, fährt unser „Aktion 100.000 Schritte“-Programm mehrgleisig. Zum einen geben wir Ihnen das wichtige Know-how rund ums Nordic Walking mit auf den Weg. Sie erfahren, welche Ausrüstung Sie brauchen, worauf Sie beim Einkauf achten müssen, wie die Nordic-Walking-Technik funktioniert, welche Trainingsumfänge für Sie passend sind und wie Sie sich richtig belasten. Zum anderen erfahren Sie aber auch, warum es so schwierig ist, den guten Vorsatz, regelmäßig Sport zu treiben, langfristig zu verwirklichen. Und Sie erhalten deshalb sportpsychologische Motivationshilfen, damit sich bei Ihnen dauerhafter Spaß am Sport einstellt.

## Der Weg zum Erfolg

Für ein erfolgreiches Trainingsprogramm gilt: Durchhalten ist alles. Nicht im Anfangen, sondern im Dranbleiben liegt die eigentliche Herausforderung. Gute Vorsätze sind wichtig, reichen aber nicht aus, um wirklich dauerhafte Veränderungen zu bringen. Denn so überzeugend die Versprechungen für ein bewegtes Leben anfangs auch sein mögen, bald schon stehen vermeintlich gewichtige Gründe dagegen: Ein voller Terminkalender, schlechtes Wetter oder Müdigkeit und Erschöpfung lassen einen immer wieder das Sportprogramm verschieben, bis man die Pläne für das bewegte Leben aufgibt und in den alten Trott verfällt.

## Das treibt Sie an!

Um Wünschen konsequent Taten folgen zu lassen, bedarf es einer guten psychologischen Strategie. Das Schöne an diesem Wissen: es ist ebenso nützlich wie interessant. Und um sich selbst zu motivieren und den eigenen Schweinehund zu überwinden, ist es hilfreich, sich damit auszukennen, was in einem selbst vor sich geht, bis man ein Vorhaben tatsächlich in die Tat umsetzt.

Auf einer einfachen Ebene kann man sagen, dass der Mensch Antrieb durch seine Bedürfnisse erhält, die er stillen will. Hunger führt zum Essen und Durst zum Trinken. Aber nicht alle Zusammenhänge zwischen Bedürfnis und Handlung sind so klar und auch nicht alle Bedürfnisse oder Motive werden dem Menschen so deutlich bewusst.

### Wichtig ist die Strategie

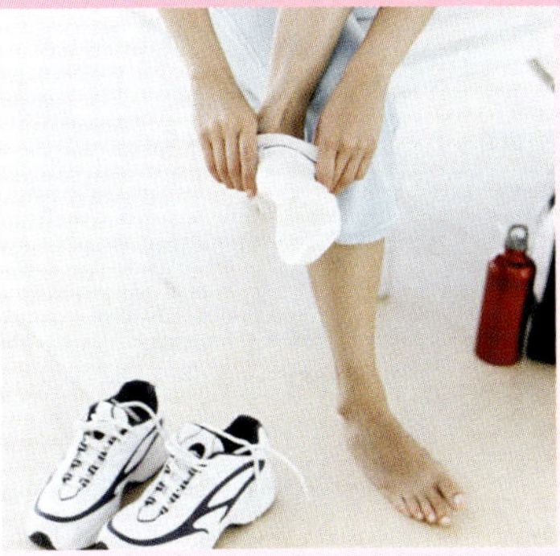

**Schnüren Sie Ihre Sportschuhe und kommen Sie strategisch an Ihr Bewegungsziel. „Der Langsamste, der sein Ziel nicht aus den Augen verliert, geht immer noch geschwinder als der, der ziellos umherirrt.“**

(Gotthold Ephraim Lessing)

## Gute Gefühle, schlechte Gefühle

Sehr oft wird das menschliche Verhalten unbewusst durch gefühlsbetonte Prozesse gesteuert. Im limbisch-emotionalen System unseres Gehirns, das hier eine entscheidende Rolle spielt, haben sich gefühlsmäßige Erinnerungen aus vergangenen Handlungen tief eingegraben. Werden wir mit ähnlichen oder gleichen Ereignissen konfrontiert, dann werden diese Gefühle geweckt. Positive Gefühle geben Anreiz zur Annäherung an das Ereignis, negative Gefühle zur Vermeidung. Dies sind zwei grundlegende Verhaltensschemata, die dazu dienen, unsere Bedürfnisse zu befriedigen.

**Nicht im Anfangen, sondern im Dranbleiben liegt die große Herausforderung.**

Wenn Sie in der Vergangenheit schlechte Erfahrungen mit dem Schulsport gemacht haben, wenn Sie sich weh getan haben, sich blamiert oder geschämt haben, dann wird Sport für Sie gefühlsmäßig negativ markiert sein. Obgleich Ihnen Ihr Verstand sagt, dass Sport Ihrer Gesundheit nutzt. Ein Beispiel zur Verdeutlichung: Wenn Sie mit der Liebe Ihres Lebens einen traumhaften Urlaub unter Palmen am weißen Sandstrand verbracht haben, dann wird Ihr Reisebüro ein leichtes Spiel haben, Ihnen einen teuren Urlaub am südlichen Palmenstrand zu verkaufen. Und das, obwohl der Kopf weiß: Buche 14 Tage Übernachtung und Frühstück in Überlingen am Bodensee, das kannst du dir bei deinem Kontostand leisten. Sie sehen, Gefühle steuern unser Verhalten erheblich!

### Bedürfnisse konkurrieren

Der Mensch hat nicht nur tief verborgene Bedürfnisse, sondern auch stets eine Vielzahl von Bedürfnissen gleichzeitig. Durch unterschiedliche Gefühlsmarkierungen werden diese hierarchisch geordnet. Und weil das Ganze unbewusst abläuft, legen wir für unseren Verstand manchmal recht verwunderliche Verhaltensweisen an den Tag. Wir verhalten uns oft gegenteilig zu dem, was wir eigentlich beabsichtigt haben: Wir bleiben zum Beispiel im Bett liegen, obwohl wir uns ein morgendliches Sportprogramm vorgenommen hatten. Wir verstehen jetzt aber, was passiert ist und warum wir unser Vorhaben nicht in die Tat umgesetzt haben. Weil das unmittelbare Bedürfnis nach Erholung und Schlaf den langfristigen Wunsch nach Attraktivität und Aktivität besiegt hat!

### Sport soll Spaß machen

Überforderung markiert Bewegung negativ. Da ist es keine Überraschung, wenn man sich statt der morgendlichen Trainingstortur für eine weitere Stunde Schlaf entscheidet. Es kann aber auch anders sein. Sport im rechten Maß hat vielfältige positive Auswirkungen, er macht Spaß, ist gesund und gibt neue Energie fürs Leben. Nicht nur die Figur, sondern auch die Psyche profitiert. Bei kaum einer anderen Aktivität kann man so gut vom Alltagsstress abschalten wie beim Sport und sich rundum fit und wohl fühlen. Sport treiben hat einen Wert an sich, und auch das wollen wir mit der „Aktion 100.000 Schritte“ erreichen: dass Sie die Lust an der Bewegung packt.

### Kleine Schritte führen zum Ziel

Auch wenn Sie nun in bester Stimmung sind, um sofort mit dem Fitness-Training anzufangen – machen Sie kleine Schritte auf dem Weg zum großen Ziel! Bei uns sind 100000 Schritte der Beginn Ihrer Sportlerkarriere und auf diesem Wegstück wollen wir Sie mit Rat und Tat begleiten. Danach wissen Sie alles Wesentliche rund um Trainingsplanung, Trainingssteuerung und Co. und können Ihr eigenes Fitnessprogramm gestalten.

*Vielleicht springen Sie ja schon bald eine Stunde früher aus dem Bett, um mit einer Nordic-Walking-Trainingseinheit gut in den Tag zu starten.*

Unser Programm und ein bewegtes Leben lohnen sich, wir versprechen Ihnen für Ihren Einsatz mehr Aktivität, mehr Figur und mehr Wohlbefinden! Wir, das sind Anja Fichtel und Wolfgang Schlicht. Wir sind beide leidenschaftliche Sportler und können Ihnen versichern: Sie werden Ihr bewegtes Leben nicht bereuen. Sport macht das Leben schöner, Sie fühlen sich besser, sind wacher und leistungsfähiger – und nicht zuletzt hilft er Ihnen außerdem rank und schlank zu werden.

**Spaß an etwas ist der Motor, der einen dauerhaft zu einer Sache antreiben kann.**

## Anja Fichtel

Anja Fichtel ist 1968 in Tauberbischofsheim geboren und die erfolgreichste Fechterin der Welt. Im Einzel hat Anja Fichtel bei Olympia fünfmal eine Medaille erkämpft, drei Medaillen waren goldene. Außerdem ist sie zehnfache Deutsche Meisterin im Einzel, ihre Erfolge mit der deutschen Florett-Nationalmannschaft sind schier unzählbar. Heute ist Anja Fichtel Mutter zweier Kinder und lebt in Tauberbischofsheim. In ihrer Heimatstadt ist eine Nordic-Walking-Strecke nach ihr benannt.

## Wolfgang Schlicht

Dr. Wolfgang Schlicht ist Professor für Sportwissenschaft und Direktor des Instituts für Sportwissenschaft der Universität Stuttgart. Von ihm liegen zahlreiche Veröffentlichungen über den Zusammenhang von sportlicher Aktivität und körperlicher und seelischer Gesundheit vor. Daneben ist Wolfgang Schlicht Mitglied nationaler und internationaler Vereinigungen der Sportwissenschaft und der Psychologie. Vor Beginn seiner wissenschaftlichen Laufbahn war er Leichtathletik-Trainer beim TV Wattenscheid und Trainer der deutschen 4x100-Meter-Staffel.

*Walk well:*

# Nordic Walking für die Lebensfreude ...

... und die Figur. Weil man nicht über Nacht zum Sportler und somit auch nicht von heute auf morgen zum Nordic Walker wird, möchten wir gemeinsam mit Ihnen Schritt für Schritt die skandinavische Sportart erkunden. Dabei erfahren Sie alles Nötige rund um Belastungssteuerung und Trainingsplanung und lernen die Theorie und Praxis des Nordic Walkings kennen.

## Ein dosiertes Training

Wenn Sie Sport-Einsteiger sind, gilt ganz besonders: Ein intensives sportliches Training gleich zu Beginn bringt Sie nicht an Ihr Ziel. Wichtig ist, dass Sie das Training längerfristig anlegen und planen. Durch kurzfristig zu hoch dosierte Belastungen laufen Sie Gefahr, Ihren passiven Bewegungsapparat (Knochen, Gelenke, Knorpel) und Ihren aktiven Bewegungsapparat (Muskeln, Sehnen) zu überlasten.

## Fit mit dem Schrittzähler und ohne

Am besten ist es, wenn Sie einen Schrittzähler haben, denn damit können Sie ganz wunderbar Ihre Trainingsumfänge Woche für Woche bemessen. In unseren Trainingsplänen bekommen Sie den Trainingsumfang in Schritten angegeben, die Sie in etwa wöchentlich erreichen sollten. Aber auch schrittzählerlos können Sie natürlich mit uns walken gehen. Sie finden in unseren Trainingsplänen neben den Schrittangaben immer auch Zeitangaben für die jeweilige Woche. Alles sind Circa-Angaben und sowohl für Schritt- als auch für Zeitempfehlungen gilt: Behalten Sie das Gesamtziel im Auge, beachten Sie die Reaktionen Ihres Körpers und lassen Sie ein Plus oder ein Minus pro Trainingseinheit und Woche zu. Sie müssen nicht punktgenau die Angaben erfüllen, das ist auch kaum möglich, denn wer hat schon eine Strecke vor der Haustür, die exakt 5000 Schritte umfasst?

*Nordic Walking ist mit dem Skilanglauf verwandt.*

## So funktioniert das Programm

Unsere „Aktion 100.000 Schritte" erstreckt sich über neun Wochen und ist aufgebaut wie ein sinnvolles sportliches Training: Ein Grundlagentraining (erste Woche); ein Basis- und ein Aufbauprogramm (insgesamt acht Wochen), und schließlich folgt Ihr eigenständiges bewegtes Leben.

Jetzt gleich steht für Sie das Nordic-Walking-Techniktraining an, das aber noch keine Punkte auf Ihrem Schrittekonto bringt. Das hat den Hintergrund, dass Menschen beim Lernen ein ganz individuelles Tempo haben und es keinen Standard gibt, wann sich jemand mit neuem Wissen und Können sicher fühlt. Lassen Sie sich in dieser Woche Zeit und üben Sie ohne Erwartungshaltung die neue Bewegungstechnik ein. Das ist sehr wichtig, denn es kann sich nur derjenige mit einer Sportart richtig in Form halten, der weiß, worauf es bei der Ausübung ankommt und welche Fehler er vermeiden sollte. Kompliziert allerdings ist Nordic Walking nicht.

## Bitte beachten!

Wie bei vielem steckt beim Nordic Walking der Teufel aber im Detail. Alles über Ausrüstung, Ausübung und Co. lernen Sie aus diesem Grunde gleich – gleich nachdem Sie einen grundlegend wichtigen Punkt für sich geklärt haben: Ihre Gesundheit. Auf der folgenden Seite finden Sie einen Fragebogen, der Ihnen Antwort gibt, ob Sie bedenkenlos mit einem sportlichem Training beginnen können oder ob bei Ihnen gesundheitliche Risiken bestehen, die zunächst mit einem Arzt abgeklärt werden sollten.

### Die Erfolgsgeschichte des Nordic Walkings

Seit der Einführung des Fußballs gab es keinen Sport, der in Deutschland einen größeren Zuspruch und ein schnelleres Wachstum erzielt hat als Nordic Walking. Nordic Walking ist auf dem besten Weg, sich innerhalb kürzester Zeit in Mitteleuropa als Breitensport zu etablieren, in Skandinavien hat es dieses Ziel schon erreicht. Dort, genau genommen in Finnland, wurde das Gehen mit Stöcken Mitte der 1990er Jahre geboren, mit dem Ziel, die Profi-Skilangläufer so durch das Sommerloch zu bringen.

*Eine Bitte noch:*

# Prüfen Sie Ihre Gesundheit

Bevor Sie mit Ihrem persönlichen Trainingsprogramm beginnen, müssen Sie einen wichtigen Punkt klären: Ihren Gesundheitszustand. Beantworten Sie deshalb folgende Fragen und kreuzen Sie das auf Sie Zutreffende an.

## Fragebogen zur Gesundheit

| | Frage | Ja | Nein |
|---|---|---|---|
| 1. | Hat Ihr Arzt gesagt, dass Sie Herzprobleme haben und nur solche Aktivitäten betreiben sollten, die von ärztlicher Seite empfohlen werden? | ☐ | ☐ |
| 2. | Verspüren Sie öfters Schmerzen in der Brust, wenn Sie körperlich aktiv sind? | ☐ | ☐ |
| 3. | Hatten Sie irgendwann einmal im letzten Monat Brustschmerzen, als Sie sich körperlich betätigt haben? | ☐ | ☐ |
| 4. | Haben Sie Gleichgewichtsprobleme, weil Sie unter Schwindel leiden? | ☐ | ☐ |
| 5. | Waren Sie in den letzten Monaten einmal ohnmächtig? | ☐ | ☐ |
| 6. | Haben Sie ein Knochen- oder Gelenkproblem, das sich durch körperliche Aktivität verschlimmern könnte? | ☐ | ☐ |
| 7. | Nehmen Sie auf Anraten Ihres Arztes Medikamente gegen Bluthochdruck oder Herzbeschwerden? | ☐ | ☐ |
| 8. | Sind Sie Diabetiker? | ☐ | ☐ |
| 9. | Liegt Ihr BMI über 30? (Zur Erklärung, was der BMI ist, und zur Errechnung des BMI siehe rechts) | ☐ | ☐ |
| 10. | Ist Ihnen irgendein anderer gesundheitlicher Grund bekannt, warum Sie lieber nicht sportlich aktiv werden sollten? | ☐ | ☐ |

## Auswertung des Fragebogens

Haben Sie eine oder mehrere dieser Fragen mit „Ja“ beantwortet, sollten Sie vor dem Beginn des Trainings unbedingt Ihren Arzt oder Ihre Ärztin aufsuchen und mit diesem oder dieser über Ihre Absicht, Sport zu treiben, und über das gesundheitliche Problem sprechen. Ihr Arzt wird Ihnen in diesem Zusammenhang sagen, welche Bewegungsprogramme Sie absolvieren dürfen und welche nicht. Diese Empfehlungen müssen dann in Ihrem Trainingsplan berücksichtigt werden.

Wenn Sie sich unabhängig von den oben aufgeführten Fragen um Ihre körperliche Belastungsfähigkeit sorgen, sprechen Sie ebenfalls vor Trainingsbeginn mit einem Arzt. Ab dem 35. Lebensjahr zahlen die gesetzlichen Krankenkassen einen gründlichen Vorsorge-Check.

## Body-Mass-Index (BMI)

**Achtung in Sachen BMI: Für Kinder und Jugendliche bis zum Alter von 18 Jahren sind die Werte der WHO nicht maßgebend.**

Ob Sie tatsächlich übergewichtig sind oder nur glauben, es zu sein, können Sie mithilfe des so genannten Body-Mass-Index (BMI) leicht selbst errechnen. Während die Waage Sie nur über Ihr Gewicht informiert, sagt der BMI etwas aus über das Verhältnis der Körpermasse zur Körperhöhe aus. Es macht einen Unterschied, ob Sie 80 Kilogramm wiegen und dabei 1,90 Meter lang oder 1,68 Meter groß sind. Der BMI gibt recht gut Aufschluss über das Risiko des Einzelnen, ernsthaft zu erkranken oder frühzeitig zu versterben. Der ideale Wert liegt in Mitteleuropa zwischen 20 und 25 kg/m$^2$. Er wird für Männer und Frauen und je nach Lebensalter unterschiedlich beurteilt. Für unsere Zwecke reicht es aber, die Klassifikation der Weltgesundheitsorganisation (WHO) zu Rate zu ziehen, die nicht zwischen den Geschlechtern unterscheidet und die nur für Erwachsene gilt.

Sie können Ihren BMI mit einer Formel (BMI = kg : m$^2$) ausrechnen oder ganz einfach auf unserer Tabelle „Liegt Ihr BMI im grünen Bereich?“ ablesen, die Sie im Anhang auf Seite 92 finden.

*Der Body-Mass-Index setzt die Körpermasse ins Verhältnis zu Ihrer Körperhöhe und ist so eine brauchbare Formel, um Übergewicht zu diagnostizieren.*

*VOR DEM START:*

# Was Sie zum Nordic Walking brauchen und wie es geht

*ZWEI*

*Darauf kommt es an:*

# Gute Stöcke und Schuhe

Nordic Walking macht Spaß, das ist die erste Stärke des Gehens auf skandinavische Art. Die zweite Stärke des Nordic Walkings besteht darin, dass Sie nur Ausrüstung in einem überschaubaren Ausmaß benötigen. Zentralen Stellenwert haben die Schuhe und Stöcke. Damit die gesundheitsförderlichen Effekte des Nordic Walkings nicht durch orthopädische Probleme zunichte gemacht werden, sollten Sie bei der Anschaffung beider Komponenten unbedingt Wert auf eine gute Qualität legen.

## Die Stöcke sind das A und O

Wesentliche Kriterien für gute Nordic-Walking-Stöcke sind ergonomisch geformte Handgriffe mit Handschlaufen, ein vibrationsarmes, möglichst leichtes Material, stabile Verarbeitung, eine für die Körpergröße passende Länge und auf den Untergrund abgestimmte Stockspitzen. Kurz und gut: Nordic-Walking-Stöcke müssen von ordentlicher Qualität sein und zum Nutzer passen. Die Stöcke sind das Handwerkszeug des Nordic Walkers und eine wirklich korrekte Technikausführung ist letztlich nur mit guter Ausstattung möglich. Das soll nicht bedeuten, dass Sie nur eines der allerneuesten und teuersten Modelle kaufen müssen, aber mit einer Investition zwischen 40 und 100 Euro sollten Sie rechnen.

**Manche Fachgeschäfte verleihen auch Stöcke zu Testzwecken. Fragen Sie einfach mal nach!**

## Das Material auswählen

Stöcke aus Fiberglas- oder Carbon-Mischung sind nicht nur leicht, sondern haben gute Dämpfungseigenschaften – das heißt, sie puffern die Schläge vom Stockaufsatz ab und geben Stöße nur gedämpft an die Armmuskulatur weiter. Aluminium-Stöcke haben diese Eigenschaften nicht, weshalb wir Ihnen die preislich etwas höher liegenden Fiberglas- und Carbonstöcke ans Herz legen. Die Investition lohnt sich: Nordic Walking mit den richtigen Stöcken lockert den Oberkörper auf, Muskelverspannungen können sich lösen. Mit schlechten Stöcken ist das nicht möglich, manchmal verschlimmern sich bestehende Probleme sogar noch oder werden erst hervorgerufen.

## Teleskopstöcke haben Vor- und Nachteile!

Weit verbreitet sind Nordic-Walking-Stöcke, die in der Länge verstellbar sind – die so genannten Teleskopstöcke. Diese haben den Vorteil, dass verschiedene Personen sie nützen und an ihre Bedürfnisse anpassen können. Aber auch für einen Nutzer alleine kann die Verstellbarkeit der Stocklänge vorteilhaft sein. Je nachdem, ob jemand in ebenem Gelände walkt oder in hügeligem, ob er Anfänger oder schon Fortgeschrittener ist, kann es sinnvoll sein, die Stocklänge auch bei ein und derselben Person leicht zu variieren.

Wer häufig auf Reise ist, mag Teleskopstöcke wohl auch wegen ihres geringen Platzbedarfes beim Transport schätzen. Trotzdem wird durch das Verstellgelenk die Pendelfähigkeit, die Dämpfung und vor allem die Stabilität deutlich verschlechtert. Qualitativ minderwertige Teleskopstöcke können zusammenrutschen und bedenkt man, dass man sein Gewicht auf diese Stöcke abstützt, kann es auch zu Verletzungen kommen. Fest stehende Stöcke sind für dauerhaftes Nordic-Walking-Vergnügen sicher die bessere Wahl. Aber man kann auch mit guten Teleskopstöcken den Sport zumindest ordentlich betreiben. Wichtiges Kaufkriterium sollte aber ein stabiler Verstellmechanismus sein, der richtig fixiert werden kann.

## Das Oben und Unten Ihrer Nordic-Walking-Stöcke

Da Sie ab jetzt häufig mit Stöcken unterwegs sein werden, sollten Sie beim Kauf der Stöcke auf langlebige Stockspitzen achten. Die Spitzen sollten aus gehärtetem Stahl und auswechselbar sein. Für das Gehen auf Asphalt gibt es spezielle Gummipads, die einfach auf die Spitzen aufgesteckt werden. Diese Asphaltpads sind bei qualitativ hochwertigen Stöcken dabei und verbessern die Haftung auf hartem Untergrund, sind verschleißarm und dämpfen den Aufprall.

Stockgriffe gibt es aus Kork, Kunststoff und Gummi. Achten Sie beim Material darauf, dass es sich angenehm auf der Haut anfühlt und Sie es

*Bei passenden Stöcken bilden Ober- und Unterarm einen Winkel von 90° bis 100°. Etwas kürzere Stöcke sind für Einsteiger top, längere sind für Könner.*

### Ein angenehmes Plus – Schlaufenbefestigung mit Keil

Sehr praktisch ist das Keilsystem, mit dem einige Hersteller die Schlaufen am Stock befestigen. Das System ist kinderleicht zu handhaben: der Keil im Stockgriff kann nach oben gezogen und die Schlaufe komplett aus dem Stock genommen werden. Das Plus dieses Systems: Sie können ohne viel Aufwand in kürzester Zeit stocklos mit den Händen agieren (sich die Nase putzen, die Schuhe zubinden oder etwas trinken). Ein mühsames Sich-aus-den-Handschlaufen-Schälen bleibt Ihnen erspart.

gut greifen können. Einen fast schon idealen Griff haben Sie gefunden, wenn diese Kriterien erfüllt sind und seine Form dann noch gut zur Anatomie Ihrer Hand passt.

## Welche Schlaufe darf es sein?

Neben der Materialfrage von Stock und Griff sind die Schlaufen das wichtigste Qualitätskriterium eines Stockes, denn beim Nach-hinten-Schieben und Nach-vorne-Führen wird deren Verarbeitung für den Benutzer deutlich spürbar. Schlechte Schlaufensysteme reduzieren den Spaß am Nordic Walking enorm, denn die Stöcke haben keinen guten Sitz an der Hand. Bei preisgünstigen Stöcken vom Discounter findet man oft das einfache, vom Skistock bekannte Schlaufensystem. Aber bei diesen ist die Verbindung zur Hand relativ lose und es kommt zu Einbußen bei der Technikausführung und im Bewegungsablauf. Darüber hinaus sind diese Schlaufen oft unbequem und führen rasch zu Druckstellen an der Hand. Bessere Stöcke haben Systeme, die auf die speziellen Bedürfnisse von Nordic Walkern abgestimmt sind.

Gute Schlaufen besitzen eine ergonomische Form, liegen durch Klettverschlüsse nah an, sind breit geschnitten und aus weichem

Material. Sie gewährleisten ein angenehmes Schwingen und verursachen nur in Ausnahmefällen Blasen an der Hand.

**Im Internet unter www.nordicwalking.de können Sie Ihre Stocklänge berechnen lassen.**

## Der ideale Stock

Entscheidenden Einfluss auf „richtiges" und „nicht richtiges" Nordic Walking hat die Länge der Stöcke. Diese muss auf die Körpergröße abgestimmt sein. Sie können Ihre Länge berechnen (Körpergröße x 0,7 = Stocklänge) oder in einem praktischen Test selbst ermitteln. Der Praxistest für Stöcke geht wie folgt: Stellen Sie sich aufrecht hin, halten Sie den Stock am Griff fest und stellen Sie ihn senkrecht auf den Boden vor sich auf. Der Stock passt ideal, wenn der Winkel zwischen Ober- und Unterarm bei 90° liegt. Welche Stocklänge Ihnen langfristig wirkungsvolles Nordic-Walking-Training garantiert, können Sie aber auch einfach auf unserer Grafik „Welche Stocklänge bei welcher Körpergröße?" ablesen.

Da Nordic-Walking-Stöcke in Größenschritten von fünf Zentimetern angeboten werden, werden Sie einen genauen 90°-Winkel kaum erreichen, sondern sollten in einem Bereich zwischen 90° und 100° liegen. Die Praxis hat gezeigt, dass Anfängern der Umgang mit etwas kürzeren Stöcken leichter fällt. Die Trainingswirkung ist bei etwas längeren Stöcken jedoch effektiver. Da Sie bald zu den Profis gehören werden, empfehlen wir Ihnen beim Neukauf die längeren Stöcke zu nehmen. Noch besser: Lassen Sie sich wirklich ganz ausführlich in einem Fachgeschäft beraten. Denn mit der optimalen Ausrüstung werden Sie viel mehr Freude am Nordic Walking haben.

**Welche Stocklänge bei welcher Körpergröße?**

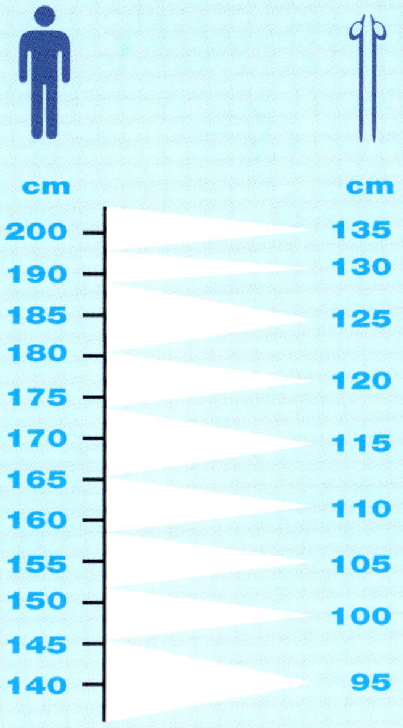


Quelle: exel

## Schuhe für Nordic Walker

Neben geeigneten Stöcken ist passendes Schuhwerk unbedingte Voraussetzung für angenehmes wie auch gesundes Nordic Walking. Obwohl die Aufprallkräfte beim Nordic Walking im Vergleich zum Joggen gering sind, haben auch beim sportlichen Gehen Schuhe mit guten Dämpfungseigenschaften Sinn. Für das erste Ausprobieren und die Anfangsphase des Nordic-Walking-Programms können Sie trotzdem gerne Ihre Jogging-Schuhe benutzen. Wenn Sie längerfristig dabei bleiben wollen, ist die Anschaffung spezieller Walking-Schuhe aber auf jeden Fall überlegenswert, denn das Abrollverhalten des Fußes beim Walken unterscheidet sich von dem beim Joggen.

**Machen Sie am besten in einem guten Fachgeschäft eine Videoanalyse Ihres Gehstils und Ihres Fußaufsatzes, um den passenden Schuh zu finden.**

Walking-Schuhe haben eine abgerundete Fersenkappe und in den Sohlen Flexkerben für ein leichtes Abrollen, sind aber robuster gefertigt als normale Laufschuhe, da durch die große Schrittlänge deutlich mehr Druck im Vorderfußbereich ausgeübt wird. Außerdem benötigt man beim Nordic Walking am Knöchel mehr Halt als beim Jogging, weswegen Walking-Schuhe auch nach oben hin stabiler verarbeitet sind. Überhaupt nicht geeignet fürs Walken sind übrigens Wanderschuhe, da deren Sohlen zu steif sind und ein Abrollen über den Vorderfuß damit nicht möglich ist.

### Auf die Passform achten!

Weil die Schrittlänge beim Nordic Walking groß ist, braucht der Fuß im Schuh guten Halt. Damit vermeiden Sie Druckstellen und Blasenbildung. Achten Sie auf die Passform im Fersenbereich, darauf, dass der Schuh nirgendwo drückt, und hoffen Sie keinesfalls darauf, dass er sich noch „einlaufen“ wird. Der für Sie passende Schuh muss von Anfang an gut sitzen.

### Nichts hält für immer

Beachten Sie langfristig, dass sich selbst der beste Sportschuh irgendwann abnutzt. Die stoßdämpfenden Eigenschaften nehmen bereits ab einer Laufleistung von 500 Kilometern um etwa ein Drittel ab. Dann muss langsam an Ersatz gedacht werden. Wenn Sie Einlagen benötigen, bedenken Sie, dass auch diese mit der Zeit ihre Stützwirkung verlieren.

*Nicht nur eine Frage des Stils:*

# Die Sport-bekleidung

Beim Nordic Walking sollten Sie möglichst bequeme und locker sitzende Sportkleidung tragen. Je nach Wetterlage benötigen Sie zusätzlich einen Wind- oder Regenschutz. Da Nordic Walker schnell ins Schwitzen kommen, ist feuchtigkeitsregulierende Funktionsbekleidung empfehlenswert.

Diese ist aus Material gefertigt, das die Feuchtigkeit vom Körper wegtransportiert und an die Umgebung abgibt. So bildet sich kein Nässefilm auf der Haut, der Körper kühlt nicht aus und der Erkältungsgefahr wird entgegengewirkt.

## Die Vorteile von Funktionsbekleidung

Beim Sporttreiben in freier Natur kommt es darauf an, sich vor widrigen Bedingungen wie Wind und Regen zu schützen. Hochwertige Membranen wie zum Beispiel Goretex® haben die Eigenschaft, dass Schweißtröpfchen durch sie hindurch nach außen dringen können, wogegen größere Wassertropfen auf der Außenseite der Membrane abgleiten und die Innenseite trocken bleibt. Windundurchlässige Schichten verhindern außerdem, dass der Körper durch Wind auskühlt. Wenn Sie auch in der Dämmerung oder im Dunkeln trainieren, sollten sie sich helle Oberteile zulegen oder Kleidung mit reflektierenden Streifen tragen. Damit können Auto- und Radfahrer sie erheblich besser erkennen, als wenn Sie dunkle Kleidung tragen.

## Nicht zu warm und nicht zu kalt

Beim Sport darf man zu Beginn durchaus für kurze Zeit das Gefühl haben, dass man zu leicht gekleidet ist. Schließlich wird beim Walken ausreichend Wärme produziert. Unnötiges Schwitzen durch zu viel oder zu warme Kleidung führt zu Flüssigkeitsverlusten und begünstigt Erkältungen.

*Praktisch, praktisch: Gurte mit Trinkflaschenhalterung und Stauraum für Schlüsselbund und andere Kleinigkeiten.*

## Schicht für Schicht gut angezogen

Am besten kleiden Sie sich an kühleren Tagen nach dem Zwiebelprinzip, denn bei mehreren Kleidungsschichten übereinander wird zwischen den einzelnen Lagen Wärme gespeichert. Wenn es Ihnen nach einigen Runden zu warm ist, können Sie die oberste Schicht ausziehen und sich die Jacke beispielsweise um die Hüfte binden. Achten Sie auf jeden Fall darauf, dass auch Ihre Sport-Unterwäsche aus schweißableitenden Funktionsfasern ist, denn bereits eine Schicht Baumwolle stört das „atmungsaktive" Prinzip.

## Was es sonst noch an Ausrüstung gibt

Das Angebot an Accessoires für Ausdauersportler ist inzwischen breit gefächert. Wenn man beim Nordic Walking längere Touren geht, ist ein geräumiger Rucksack dienlich, in dem auch Platz für eine Jacke und für Getränke ist.

Für alle, die lange Strecken walken oder empfindliche Hände haben, lohnt sich die Anschaffung von Handschuhen, die die Handfläche zwischen Daumen und Zeigefinger schützen. Für kältere Tage gibt es Handschuhe mit Fingerkuppen, für wärmere Tage sind Modelle ohne Fingerkuppen erhältlich. Man kann übrigens auch Fahrradhandschuhe gut zum Nordic Walking benutzen.

## Kopf und Füße nicht vergessen

Denken Sie bei der Ausstattung an Ihren Kopf, denn über diesen verlieren Sie an kalten Tagen viel Körperwärme. Eine Mütze ist ideal, ein breites Stirnband, das die Ohren bedeckt, sollte es aber mindestens sein. Bei starker Sonneneinstrahlung im Sommer muss der Kopf dagegen mit einer Kappe vor Überhitzung geschützt werden.

Sportsocken aus Kunstfaser sind kein unnötiger Schnickschnack, sondern sehr vernünftig. Neben der feuchtigkeitsregulierenden Wirkung zeichnen diese sich dadurch aus, dass sie keine Nähte besitzen, die an den Füßen scheuern und die Blasen verursachen können.

## Eine lohnenswerte Anschaffung: die Pulsuhr

Wenn Sie zu den Fitness-Einsteigern gehören, ist es wichtig, dass Sie sich im richtigen Anstrengungsbereich belasten. Wenn Sie sich überfordern – ein Fehler, den vor allem Anfänger häufig machen –, empfinden Sie Ihren Sport rasch als unangenehm.

### So arbeiten Pulsuhren

Eine Pulsuhr besteht aus zwei Teilen: Der Brustgurt nimmt den Puls direkt in der Herzgegend auf und sendet ihn an die Pulsuhr weiter. Dort kann der Puls auch während der Bewegung abgelesen werden. Da viele Menschen den Brustgurt als lästig empfinden, gibt es mittlerweile auch Pulsuhren, mit denen man den Puls am Handgelenk bestimmt oder über das Auflegen von Fingern auf der Uhr ermittelt. Diese Werte können allerdings große Abweichungen von den eigentlichen Pulswerten am Herzen aufweisen. Darüber hinaus sinkt der Puls bei Belastungspausen normalerweise innerhalb von zehn Sekunden schnell ab, sodass die dann ermittelten Werte nicht dem Trainingspuls entsprechen. Die zuverlässigsten Werte liefert nach wie vor das klassische Pulsuhrsystem mit Gurt und Uhr.

### Welche Pulsuhr darf es sein?

Man hat inzwischen den Eindruck, dass es Pulsuhren fast überall und für jeden Anspruch gibt. Bereits ab 15 Euro sind Pulsuhren inzwischen zu haben, für ein wirklich funktionelles Modell müssen Sie aber mit 100 Euro bis 150 Euro rechnen. Spitzenmodelle können auch schnell mehr als 400 Euro kosten. Diese Geräte haben mehr Komfort und zahlreiche Zusatzfunktionen und sind aufgrund Ihrer Genauigkeit für den Profisportler eine wertvolle Trainingshilfe. Ein Freizeitsportler allerdings braucht solche Geräte nicht. Lohnenswert für Frauen kann die Anschaffung eines Sport-BHs mit einer speziellen Halterung für den Pulsuhren-Brustgurt sein. Man schiebt das Messgerät einfach durch in den BH integrierte Schlaufen, und schon ist ein guter Halt des Gurts garantiert.

*Auch heute noch gilt für Pulsuhren: Das klassische System mit Uhr und Brustgurt liefert die verlässlichsten Werte.*

*Aufgepasst:*

# Der Bewegungsablauf des Nordic Walking

Nordic Walkern begegnet man inzwischen häufig – im Park, am See oder Fluss laufen Menschen mit ihren Stöcken entlang. Trotzdem sieht man die richtige Nordic-Walking-Technik kaum – das ist schade, denn die Beherrschung des korrekten Bewegungsablaufs ist entscheidend, damit das Nordic Walking tatsächlich seine optimale Wirkung zeigt für Gesundheit und für Figur.

## Details sind beim Nordic Walking wichtig

Oft liegt es nur an kleinen Details, die beim Gehen mit den Stöcken nicht richtig gemacht werden, jedoch mit nachhaltiger Wirkung auf den Trainingserfolg. Viele Nordic Walker halten zum Beispiel die Stöcke kontinuierlich umklammert, sodass Schulter und Arme verkrampfen und der entspannende Effekt der Sportart verloren geht. Bei der richtigen Technikausführung werden die Hände im Rhythmus des Schrittes geöffnet und geschlossen, die Armmuskulatur bleibt locker und der Oberkörper bleibt entspannt. Allerdings kann die Pumpbewegung der Hände (das Öffnen und Schließen) die Sehnen und Sehnenscheiden vermehrt belasten. Nehmen Sie unangenehme Empfindungen im Unterarmbereich ernst und pausieren Sie rechtzeitig.

## Darauf kommt es an!

Neben der Pumpbewegung der Arme kommt es beim Nordic Walking besonders auf Folgendes an: auf einen leicht nach vorne geneigten Oberkörper, einen Diagonalgang mit raumgreifenden Armschwüngen und einen ausgeprägten Vortrieb. Ihnen stockt der Atem angesichts dieser Begrifflichkeiten? Keine Angst! Wenn Sie solches oder Ähnliches zur Erklärung des Nordic Walking lesen oder hören, ist das zwar völlig richtig, aber trotzdem eine sehr komplizierte Umschreibung eines eigentlich ganz natürlichen Bewegungsablaufs. Wenn es

*Schritt- und Armbewegung in Einklang bringen heißt die Herausforderung für den Nordic-Walking-Anfänger.*

**Kurse für den optimalen Erfolg**

**Um von den vielfältig positiven Effekten des Nordic Walkings hundertprozentig zu profitieren, ist ein Einführungskurs bei geschulten Trainern ein guter Einstieg – zumal die Grundelemente der Technik ganz schnell verinnerlicht sind. Dann ist das flotte Gehen mit Stöcken kinderleicht – wenn man den Dreh raushat, läuft es wie von selbst.**

auch für erfolgreiches Nordic Walking auf Details ankommt, heißt das nicht im anderen Extrem, dass die Technik ein Hexenwerk ist. Der Diagonalgang beispielsweise ist etwas, was Sie mit Sicherheit jetzt schon aus dem Effeff beherrschen – wollen wir wetten?

## Bitte nicht denken – die Diagonaltechnik!

Die Diagonaltechnik ist einfach! Kompliziert werden kann der Bewegungsablauf für Sie eigentlich erst, wenn Sie bewusst darüber nachdenken. Die Diagonaltechnik ist nichts anderes als die ganz normale Gehbewegung, die Sie von Kindesbeinen an praktizieren. Jeder Mensch hat das Zusammenspiel automatisch inne, wenn er sich fortbewegt: Der rechte Arm wird nach vorne genommen, wenn der linke Fuß nach vorne gesetzt wird; umgekehrt werden rechtes Bein und linker Arm gleichzeitig vorgezogen. Beim Nordic Walking nutzen Sie genau diese Art zu gehen, nur dass Sie hier noch die Stöcke in der Hand haben.

### Skilanglauf ohne Schnee

Nordic Walking basiert auf dem diagonalen Bewegungsablauf, die Technik des Nordic Walkers ähnelt der des Skilangläufers: Der rechte Stock hat Bodenberührung, wenn die linke Ferse aufsetzt, und umgekehrt. Wie beim Langlauf im klassischen Stil ist auch beim Nordic Walking der Oberkörper leicht nach vorne geneigt und die Stöcke setzen nicht gerade, sondern schräg nach hinten auf.

### Auf die Stöcke achten

Durch die schräge Stockstellung erhalten Sie durch die Stöcke keinen Widerstand, sondern Vortrieb. Befindet sich die Hand mit dem aktiv eingesetzten Stock hinter dem Körper, wird zur Entspannung der

Arme und Hände der Stock einfach losgelassen, wie es ab Seite 34 auf den Abbildungen zu sehen ist. Der Stock schwingt, locker in der Schlaufe hängend, nach hinten aus und kommt dank der Schlaufe beim Nach-vorne-Führen der Arme automatisch mit.

## Bei richtiger Technik ist Entspannung garantiert

Der ständige Wechsel von Anspannung und Entspannung der Armmuskulatur und der Nacken- und Schultermuskulatur wirkt wie eine Massage. Muskelverspannungen werden gelöst und Kopfschmerzen wird vorgebeugt. Außerdem ist eine mäßig anstrengende Ganzkörperbelastung in freier Natur über längere Zeit das ideale Mittel gegen Stress und Unausgeglichenheit. Nach der Trainingseinheit fühlen Sie sich frisch und gestärkt für neue Taten.

### So kommt man in die Schlaufen

1 Wie bei Skistöcken schlüpfen Sie von unten in die Schlaufen hinein ...

2 ... fixieren mit den Klettverschlüssen die Schlaufen an Ihrem Handgelenk (Achtung: die Schlaufen sollen nicht ins Fleisch drücken!) ...

3 ... und zurren die Stöcke in Pendellänge fest. Fertig!

*Ihre Aufwärmwoche:*

# Werden Sie zum Nordic Walker Schritt für Schritt

Auf der nächsten Seite sehen Sie den Nordic-Walking-Bewegungsablauf dargestellt. Schauen Sie sich die Technik im Überblick an und arbeiten Sie sich dann mit unserem Grundkurs Nordic Walking Schritt für Schritt an die Nordic-Walking-Technik heran. Vor jeder Trainingseinheit sollten Sie Ihre Muskeln immer kurz aufwärmen, in dieser Woche empfehlen wir Ihnen, dem Training einen flotten Spaziergang von fünf bis zehn Minuten voranzustellen. Ihr Schrittzähler – falls vorhanden – kommt in dieser Woche noch nicht zum Einsatz, damit geht es dann in sieben Tagen los.

## Für den Einstieg: Grundkurs Nordic Walking

Nordic Walking unterscheidet sich durch den dynamischen Bewegungsablauf und eine hohe Körperspannung vom normalen Spazierengehen mit Stöcken. Für das Einüben der Nordic-Walking-Technik gilt das aber nicht. Im Gegenteil: Am Anfang ist es hilfreicher, den Bewegungsablauf langsam durchzuführen (vielleicht sogar im Zeitlupentempo) und bewusst auf Details zu achten. Wenn Sie sich sicherer fühlen, können Sie das Tempo steigern und schließlich in die nächste Lernphase wechseln.

### 1. Gewöhnungsphase

Fixieren Sie die Stöcke mit den Spezialschlaufen fest an den Händen, als ob sie ein Teil von ihnen wären. Wie Sie in die Schlaufen kommen und wie Sie sie befestigen, können Sie im Kasten links sehen. Walken Sie los, ohne dabei die Stöcke zu greifen. Die Arme schwingen vielmehr locker am Körper vor und zurück. Da die Stöcke (hoffentlich) mit einem guten Schlaufensystem fest an Ihren Händen befestigt sind, folgen sie der Armbewegung automatisch und schleifen hinter Ihnen über den Boden. Die Stöcke haben in diesem Stadium noch keine unterstützende Wirkung. Gewöhnen Sie sich in dieser ersten Lernphase an die Gehbewegung und achten Sie dabei vor allem auf die korrekte Schritttechnik: Der Fuß rollt betont von der Ferse über die Sohle bis zum Fußballen ab.

## Die Technik im Überblick

**1** Es geht im Diagonalgang los, der rechte Arm und Stock sind vorne sowie das linke Bein. Die Körperhaltung ist aufrecht, der Rumpf ist leicht nach vorne geneigt. Wichtig für einen lockeren Nacken ist ein aufgerichteter Kopf, der Blick ist daher auf den Horizont gerichtet.

**2** Der linke Stock wird unter dem Körperschwerpunkt aufgesetzt und zeigt dabei schräg nach hinten. Gegen den leichten Widerstand der Stockspitze stößt man sich ab und erhält so den Schwung, der einen nach vorne treibt.

**3** Der Oberkörper dreht während des Walkens ganz leicht nach rechts und links aus, was dem ganz natürlichen Bewegungsablauf beim schwungvollen Spazierengehen entspricht. Man darf nicht versuchen, den Oberkörper krampfhaft steif zu halten, das bremst die Dynamik des Nordic Walkings, belastet die Wirbelsäule und verspannt die Rückenmuskulatur.

**4** Wichtig sind die aktive Fuß- und Handarbeit. Der Fuß wird gut abgerollt und über Fußballen und Zehen kräftig abgedrückt. Die Hand lässt den Stockgriff los während Sie nach hinten geführt wird, und umschließt ihn auf dem Weg nach vorne wieder.

## Die Fußtechnik Schritt für Schritt

**1** Machen Sie normal große und lockere Schritte.

**2** Setzen Sie die Fußspitzen beim Aufsetzen in Gehrichtung oder leicht nach außen.

**3** Setzen Sie die Füße bewusst über die Ferse auf, die Knie sind dabei leicht gebeugt (das ist wichtig zur Entlastung des Kniegelenks).
Füße über die ganze Fußsohle abrollen und dann kräftig über den Fußballen und die Zehen abdrücken.

## 2. Experimentierphase

In Phase zwei bringen Sie nun auch Ihre Arme und Stöcke zum Einsatz. Beugen Sie die Arme im Ellbogen leicht und schwingen Sie die Hand bis auf Bauchnabelhöhe nach vorne, sodass Sie in vorderer Position die Stöcke greifen können.

Versuchen Sie die Arme zunehmend kräftiger einzusetzen und achten Sie auf die wechselseitige Koordination von Armen und Beinen. Wenn Sie den Armeinsatz in Kraft und Dauer variieren, werden Sie merken, dass sich auch Ihre Schritte verändern: Bei stärkerem Armeinsatz wird der Bewegungsablauf für Sie anstrengender; je länger Sie Ihre Arme unter Spannung halten, desto größere Schritte werden Sie dazu machen, beides führt zu einer merklichen Steigerung der Intensität.

Vergessen Sie aber auch bei höherer Intensität nicht, die Stöcke loszulassen. Entspannungsphasen sind wichtig, damit Sie nicht verkrampfen.

### Der richtige Umgang mit dem Stock

1

Wichtig beim Umgang mit den Stöcken ist es, dass Sie diese nah am Körper führen. Sie setzen die Stöcke jeweils mit der gegenüberliegenden Ferse dicht neben sich auf. Im Einklang mit Ihrem Schritt schieben Sie den Stock kraftvoll nach hinten durch und öffnen die Hand, wenn der Arm die Höhe der Hüfte erreicht. Den abschließenden Stoß führen Sie über die Schlaufe aus. Den Stock dann dicht neben dem Körper dynamisch vorschwingen, Hand wieder schließen und abdrücken.

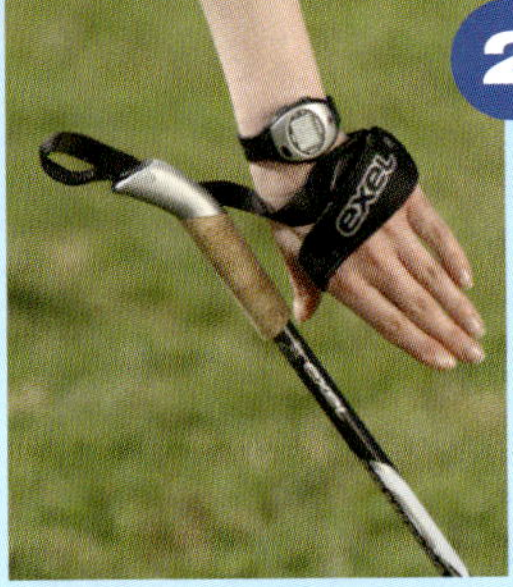

2

### 3. Rundumphase

Nun kommt das große Finale im Schritt-für-Schritt-Lernkurs – die komplette Technik. Walken Sie mit kräftigem Armeinsatz, achten Sie auf die Körperspannung und auf einen flüssigen Bewegungsablauf. Am besten kontrollieren Sie abwechselnd die einzelnen Komponenten der Technik und arbeiten an ihrer sauberen Ausführung: das Abrollen der Füße, das kräftige Abdrücken, den Armeinsatz usw.

## Ihr Training in der Aufwärmwoche

Üben Sie in dieser Woche den Nordic-Walking-Bewegungsablauf so oft Sie mögen, aber mindestens zweimal zu je 30 Minuten. Ganz wichtig dabei: Kontrollieren Sie immer wieder den Bewegungsablauf und trainieren Sie ohne Anstrengungsgefühl, sprich: kommen Sie in dieser Woche auf gar keinen Fall aus der Puste. Das Tempo stimmt, wenn Sie sich noch gut mit jemandem unterhalten können. Es geht einzig und allein um die korrekte Technikausführung, um das Lernen des souveränen und richtigen Umgangs mit den Stöcken.

### Wenn Sie kaum noch wissen, wo rechts und links ist

Obwohl sich hinter der Diagonaltechnik ein ganz natürlicher Bewegungsablauf verbirgt, kann man durcheinander geraten, sobald man versucht, ihn bewusst zu steuern. Da kann es durchaus passieren, dass sich Arm und Bein einer Körperhälfte gleichzeitig nach vorne schieben und sich die Diagonaltechnik einfach nicht wieder einstellen mag.

Falls Sie aus dem Rhythmus geraten, folgender Tipp: Gehen Sie eine Weile ohne Stockeinsatz, die Arme schwingen entspannt neben Ihnen, die Stöcke pendeln im Schlaufensystem an Ihren Händen. Wenn Sie dann wieder sicher im Diagonalgang sind, greifen Sie nach den Stöcken, schwingen die Arme locker neben sich, vergrößern die Schritte und auch den Umfang der Armbewegung – und schon haben Sie wieder den richtigen Bewegungsablauf.

*Wenn der Bewegungsablauf überhaupt nicht mehr klappt, hilft es manchen, eine Pause einzulegen, um den Kopf wieder freizubekommen.*

WOCHE 1 BIS WOCHE 4:

# Ihr Nordic-Walking-Basisprogramm

DREI

*Training mit System!*

# Woche 1: von Schritt 1 zu Schritt 9000

Mit der Entscheidung für Nordic Walking haben Sie einen wichtigen Schritt auf dem Weg zur körperlichen Fitness getan. Sie haben sich ein Ganzkörpertraining ausgesucht, bei dem über 90 Prozent der Muskelgruppen beansprucht werden und bei dem Sie bis zu 40 Prozent mehr Energie verbrauchen können als beim Walken ohne Stöcke. Aber um beim Training optimale Erfolge herauszuholen, ist es nicht nur wichtig, was sie trainieren, sondern auch, wie Sie trainieren: bei der richtigen Belastung, im richtigen Maß und in den richtigen Abständen. Aus diesem Grund sind Trainingspläne sinnvoll, die das Training strukturieren.

## Training nach Maß – damit Ihr Körper macht, was Sie wollen

Beliebigkeit führt Sie sportlich nicht ans Ziel, nicht jedes Training bewirkt auch tatsächlich das Gewollte. Sehr häufig wird zum Beispiel zu intensiv, aber zu kurz trainiert, um etwa abzunehmen oder um etwas für Gesundheit und Wohlbefinden zu tun. Sie können sich das ähnlich wie bei einem Medikament vorstellen, das auch nur in der richtigen Dosierung die gewünschte Wirkung entfaltet. Gerade wenn Ihr Ziel im Gewichtsmanagement liegt, ist einiges zu beachten.

### Ausdauerbewegung fürs Gewichtsmanagement

Bei lang andauernden sportlichen Bewegungen (Ausdauerbewegungen) mobilisiert der Körper seine Reserven, um die für die Bewegung notwendige Energie zu gewinnen. Wenn Sie Sport treiben wollen, um Ihr Gewicht zu reduzieren, sind Ausdauerbewegungen ideal. Am besten belasten Sie sich nur mäßig und vermeiden als Anfänger intensive Belastungen. Sie verfehlen damit nämlich nicht nur Ihr Trainingsziel, sondern auch der Wohlfühlaspekt leidet.

*Nordic Walking lohnt sich! Es werden dabei um die 600 Muskeln trainiert und bis zu 40 Prozent mehr Kalorien verbraucht als beim normalen Walken.*

## Der Kraftstoff für Ihre Aktivität

Unser Körper ist genial konstruiert, aus festen und flüssigen Bestandteilen kann er Energie für seine Organe und die Bewegung gewinnen. Mit dem Essen nehmen Sie dieses „Rohmaterial" auf, von dem Ihr Körper einiges verbrennt, um aktiv zu sein; anderes speichert er, um im Notfall auf Reserven zurückgreifen zu können; den nicht verwertbaren Rest scheidet er schließlich aus, um sich von dem Ballast zu befreien.

Im Einzelnen gibt es zwei Möglichkeiten, wie der Körper mit der Energie haushaltet: Wenn die Zufuhr von Material die Anforderungen übersteigt, speichert der Körper den Energieüberschuss in den Fettzellen ab. Ist die Anforderung größer als die Zufuhr, greift der Körper auf das gespeicherte Material zurück, um den Energiebedarf zu decken. Im ersten Fall legt er an Masse zu, im zweiten Fall nimmt er an Masse ab. Den ersten Fall nennen die Experten positive Energiebilanz, den zweiten negative Energiebilanz.

**„Walken und Talken" heißt das Motto für Ihr erfolgreiches Nordic-Walking-Training. Völlig aus der Puste zu geraten, ist tabu.**

## Fettverbrennung benötigt Zeit

Der Körper nützt immer mehrere Möglichkeiten zur Energiegewinnung. Praktisch ist für ihn vor allem die Verwertung von Kohlenhydraten. Daneben sind ihm Fette und Eiweiße wichtige Energielieferanten. Bei niedriger Belastungsintensität ist der Anteil, den das Fett zur Energiebereitstellung liefert, vergleichsweise größer, als dies bei höherer Intensität der Fall ist.

Bevor der Körper auf die Energiereserve Fett zurückgreift, braucht er geraume Zeit. Am besten trainieren Sie deshalb mit lang andauernden sportlichen Bewegungen von geringer bis mittlerer Belastungsintensität. „Walken und Talken" lautet das Motto für das Nordic-Walking-Training in dieser und in den folgenden Wochen. Wenn Sie gemeinsam mit anderen Sport treiben, können Sie auch folgende Belastungsgrenze wählen: Die Geschwindigkeit ist richtig, wenn Sie sich mit Ihrem Trainingspartner noch gut unterhalten können.

*Wenn Sie außer Puste geraten sind und sich mit Ihrem Nordic-Walking-Partner nicht mehr unterhalten können, drosseln Sie das Tempo.*

## Warum Fette für den Körper wichtig sind

Der Körper holt sich die Energie für Ruhe- und Arbeitsumsatz im Wesentlichen aus drei Stoffgruppen: aus den Kohlenhydraten, den Fetten und den Fettsäuren sowie aus den Eiweißen, die allerdings eine gewisse Sonderrolle einnehmen.

Die drei Stoffgruppen besitzen einen unterschiedlichen Energiegehalt: In einem Gramm Fett sind gut neun Kilokalorien gespeichert, in einem Gramm Kohlenhydrate nur etwa vier Kilokalorien, in den Eiweißen ebenfalls lediglich vier Kilokalorien. Alkohol enthält im Übrigen sieben Kilokalorien pro Gramm.

Die Fettpölsterchen an Hüfte und Schenkeln sind nichts anderes als Vorräte von Energie für Zeiten der Not: Sollte einmal eine Zeit keine Nahrung für den Organismus verfügbar sein, kann der Körper zum Überleben auf Energiespeicher vor allem in den Fettzellen zurückgreifen und dabei aus jedem Gramm Fett mehr als doppelt so viel Energie gewinnen wie aus Eiweiß und Kohlenhydraten. Dementsprechend liefert fettreiche Nahrung ebenfalls Kalorien in Massen: Ein einziges Fischstäbchen (28 Gramm) enthält 76 Kilokalorien bei drei Gramm Fett.

Aktion 100.000 Schritte

## Ihr Programm für Woche 1: Zweimal 4500 Schritte oder zweimal 40 Minuten

„Je schneller, umso besser“ gilt für Sport-Einsteiger nicht. „Walken und Talken“ (oder „Laufen ohne zu schnaufen“) lautet das Motto diese und auch die folgenden Wochen. Wer einen Schrittzähler hat, der trainiert von nun an mit diesem Gerät, in dieser Woche zweimal mit etwa 4500 Schritten. Wer mit Zeit trainiert, walkt ebenfalls zwei Einheiten von je etwa 40 Minuten. Für beide Gruppen gleichermaßen gilt, dass sie sich zwischen den Trainingseinheiten zwei bis drei Tage Pause gönnen sollten. Trainieren Sie also zum Beispiel sonntags und dann wieder donnerstags.

Wichtig außerdem: Fünf Minuten der Trainingszeit sollten Sie sich aufwärmen, indem Sie sich entspannt mit moderatem Stockeinsatz einlaufen. Wenn Sie Ihre Muskeln auf den Sport eingestimmt haben, können Sie richtig loslegen und das Tempo sowie den Krafteinsatz erhöhen. Ihre Trainingsleistung können Sie in dem Trainingsplan am Ende dieses Buches dokumentieren.

### Das Trainings-ABC: Wichtige Begriffe aus der Trainingslehre

**Trainingsart:** Art der Belastung (zum Beispiel Ausdauertraining, Krafttraining oder Beweglichkeitstraining).
**Trainingsdauer:** Dauer einer Trainingseinheit.
**Trainingseinheit:** Zeiteinheit, die einer vorgegebenen Trainingsaufgabe gewidmet wird (zum Beispiel 45 Minuten Walken oder 15 Minuten Gymnastik).
**Trainingshäufigkeit:** Anzahl der Trainingseinheiten pro Woche.
**Trainingsintensität:** Anstrengungs- oder Belastungsgrad einer Trainingseinheit.

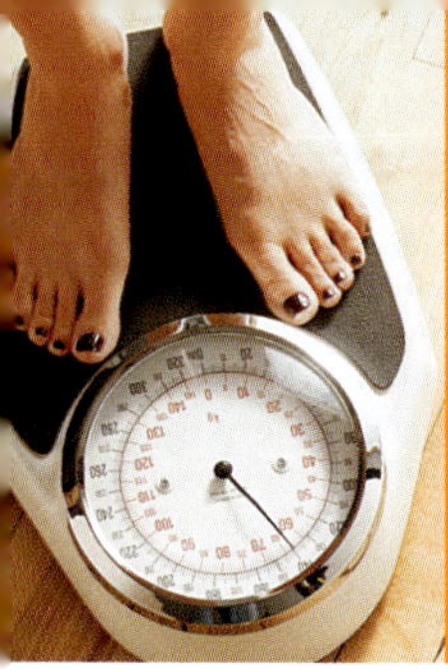

*Ernährung und Gewichtsmanagement*

# Woche 2: von Schritt 9000 zu Schritt 18 000

Die ersten Schritte auf dem Weg zu mehr Fitness, mehr Figur und mehr Wohlbefinden sind Sie gewalkt. Und wir würden uns sehr freuen, wenn Sie gemerkt hätten: Bewegung tut gut, macht Spaß und hebt die Laune. Wenn Sie das Training begonnen haben, um an Gewicht zu verlieren, müssen Sie sich noch gedulden, um konkrete Erfolge zu spüren. Wichtig für Ihre Gewichtsreduktion ist außerdem, dass Sie auch Ihre Ernährungsgewohnheiten überprüfen und ändern.

## Schlank und aktiv – auch die Ernährung zählt

Wie nähern Sie sich nun am besten Ihrem Wohlfühlgewicht? Die Antwort ist eigentlich einfach: indem Sie eine negative Energiebilanz erzielen, also mehr Energie verbrauchen als Sie durch das Essen aufnehmen. Im Hinblick auf die Ernährung bedeutet das für Sie, die Energieaufnahme zu reduzieren. Aber es heißt nicht, dass Sie von heute ab nur noch die Hälfte an Nahrungsmitteln zu sich nehmen sollen, sondern dass Sie anders essen – klüger essen und dabei vor allem dem Dickmacher Nummer 1 abschwören, der da heißt: Fett.

### Fettreich und träge

**Die Deutschen essen zu fett und zu viel – so lautet seit Jahren das Urteil der „Deutschen Gesellschaft für Ernährung". Über 65 Prozent der Männer und etwa 55 Prozent der Frauen haben in Deutschland Übergewicht, denn vom Durchschnittsdeutschen werden deutlich mehr Kalorien verzehrt, als für seinen bewegungsarmen Alltag notwendig sind, und dieses Mehr setzt sich dann an den Hüften, Bauch und Po ab. Hauptproblem der Deutschen ist das Zuviel an fettreicher Nahrung, denn Sie liefert am meisten Kalorien, die sich als Überschuss in den Fettzellen ablagern.**

## Weniger Fett, mehr Nährstoffdichte

Die größte Gefahr für die Figur liegt im fettreichen Essen. Wer viel Fett isst, der verfügt schnell über eine positive Energiebilanz, das heißt, er nimmt mehr Energie auf, als er verbraucht. Dennoch sollten Sie Fett nicht ganz von Ihrem Essensplan streichen, denn es enthält für den Körper unverzichtbare Vitamine und ist ein wichtiger Geschmacksträger.

Sparen Sie bei Ihrer Ernährung bewusst an Fett. In Deutschland beträgt die durchschnittliche Fettaufnahme etwa 40 Prozent der gesamten Energieaufnahme und sie ist damit deutlich zu hoch. Um Abnahmeerfolge zu erzielen, sollte die Fettmenge, die Sie täglich zu sich nehmen, 80 Gramm nicht überschreiten. Kohlenhydrate hingegen können Sie in größeren Mengen verspeisen. Sie liefern weniger Energie als Fett und sättigen rascher.

## Achten Sie auf Ihre Lebensmittelauswahl

„Nährstoffdichte" Lebensmittel lautet das Zauberwort für die richtige Lebensmittelauswahl. Nährstoffdicht, das sind Lebensmittel, die einen niedrigen Energiegehalt haben, aber trotzdem viele wichtige Nährstoffe enthalten: Gemüse, Obst, Vollkorngetreideprodukte und fettarme Milchprodukte gehören zu dieser Art von Lebensmitteln. Sie sollten den Empfehlungen der „Deutschen Gesellschaft für Ernährung" nach häufiger auf den deutschen Tellern liegen – 650 Gramm wären täglich ideal. Mit durchschnittlich rund 300 Gramm erreicht der Durchschnittsdeutsche gerade mal die Hälfte.

## Essen Sie abwechslungsreich

Außerdem ist es wichtig, auch auf die Vielfalt der Lebensmittel zu achten. Einseitige Ernährungsgewohnheiten sind weder für das Gewicht noch für die Gesundheit günstig. Am besten tut Ihnen eine ausgewogene und abwechslungsreiche Mischkost, bei der Sie Ihren Nährstoffbedarf aus einer Vielzahl verschiedener Quellen decken.

*Das ist wichtig für Gesundheit und Figur: ausgewogen zu essen und sich ausreichend zu bewegen.*

## Zur Orientierung: Fettgehalt von Lebensmitteln

| Lebensmittel | Fettanteil pro 100 Gramm |
|---|---|
| Butter, Margarine, Mayonnaise, Pflanzenöl | über 80 Gramm |
| Haselnüsse, Mandeln, Remoulade | 50 bis 80 Gramm |
| Erdnüsse, Kartoffelchips, Mascarpone | 40 bis 50 Gramm |
| Camembert, Doppelrahmfrischkäse, Leberwurst, Mettwurst, Teewurst, Salami, Nuss-Nougat-Creme*, Schokolade* | 30 bis 40 Gramm |
| Bratwurst, Bockwurst, Fleischwurst, Fleischkäse, Kartoffelpuffer, Schnittkäse, Croissant, Marzipan*, Nougat*, Sahnetorte*, Schlagsahne* | 20 bis 30 Gramm |
| Blätterteig*, Eiscreme*, Rührkuchen*, Plätzchen*, Müsliriegel*, Schokomüsli, Schafskäse, saure Sahne, Hackfleisch, Hähnchenschenkel, Pizza | 10 bis 20 Gramm |
| Hähnchenbrust, Hamburger, Getreideflocken, Hefekuchen* | 5 bis 10 Gramm |
| Obst, Quark, Brot, Cornflakes, Reis, Nudeln, Salzkartoffeln, Gemüse, Rinderfilet, Putenbrust, Forellenfilet | unter 5 Gramm |

* Bitte auf den Zuckergehalt achten, Zucker nicht in Unmengen essen.

## Alltagstipps: Hier können Sie leicht Fett sparen

Unnötiges Fett bei der Zubereitung: Vor allem bei der Zubereitung von Speisen wird oft viel zu viel Fett verwendet. Fett beim Anbraten in der Pfanne, Öl im Salat, die Butter im Gemüse, für den gleichen Effekt täte es oftmals auch eine deutlich verringerte Menge an Fett. Achten Sie einmal bewusst darauf, mit weniger Öl und Butter zu arbeiten.

Alternativen finden: Quark, Joghurt oder Käse, viele Lebensmittel gibt es mit unterschiedlichem Fettgehalt. Mit fettreduzierten Produkten kann man ohne Aufwand einiges an Fett einsparen. Aber auch hier ist etwas Vorsicht geboten: Ein reduzierter Fettgehalt bedeutet nicht immer automatisch reduzierte Kalorien. Viele fettreduzierte Produkte sind durch Zucker angereichert, und obwohl Zucker weniger Energie enthält als Fett, kommt man damit schnell auf einige Kalorien. Wählen Sie also mit Verstand aus und studieren Sie das Etikett des Lebensmittels.

Sünden light: Falls der Heißhunger übermächtig wird, wie wäre es denn mit Pommes aus dem Backofen statt aus der Fritteuse oder mit Salzstangen und fettfreien Joghurt-Drops statt Chips und Pralinen. Sich fettreduziert ernähren bedeutet nicht Genussverzicht, sondern bedeutet auf neue Art zu genießen.

Bewusst genießen: Die Lust am schnellen fettreichen Essen, am Fastfood, verringert sich auch, wenn Sie darauf achten, mit mehr Ruhe und Zeit zu speisen, also „Slowfood“ zu betreiben. Essen Sie genussvoll und bewusst, ohne Ablenkung durch Radio, Fernseher oder Lesestoff. Kauen Sie langsam und oft und hören Sie auf Ihren Körper, wenn er sagt: „Stopp, ich bin satt!“. Sie werden merken, dass Sie so weniger und vor allem auch genussreicher essen werden.

Ein Gläschen in Ehren ...: Wenn auch Bier und Wein in manchen Gegenden als Lebensmittel gelten, so ist der Alkohol dennoch kein Grundnahrungsmittel. Er enthält zwar Kalorien, aber für das körperliche Funktionieren leisten diese keinen bedeutsamen Beitrag. Wenn Sie vernünftig mit Alkohol umgehen, ist ein Gläschen in Ehren aber nicht zu verwehren. Frauen sollten nicht mehr als eines pro Tag trinken und Männer nicht mehr als zwei. Ein Gläschen entspricht dabei der Menge von einem Glas Bier (0,33 Liter), einem Glas Wein (0,20 Liter) oder einem Schnaps (0,02 Liter).

Aktion 100.000 Schritte

## Ihr Programm für Woche 2: Zweimal 4500 Schritte beziehungsweise 40 Minuten

In dieser zweiten Woche des Basisprogramms walken Sie mit Ihren Stöcken zweimal um die 4500 Schritte und achten wieder darauf, dass Sie nicht völlig außer Puste kommen. Wenn Sie nach Zeit trainieren, absolvieren Sie zwei Trainingseinheiten zu etwa 40 Minuten ohne beim Walken ins schnaufen zu kommen.

Die ersten fünf Minuten des Training nutzen „Schritt-“ wie auch „Zeitzähler“ zum Aufwärmen und führen in dieser Zeit den Bewegungsablauf noch mit wenig Kraft und Tempo aus. Zwischen den Trainingseinheiten lassen Sie wie gehabt zwei bis drei Tage Pause und tragen Ihre Trainingsumfänge in den Trainingsplan am Ende dieses Buches ein. Außerdem achten Sie von nun an auf Ihre Ernährungsgewohnheiten.

### Beim Essen auf den Fettgehalt achten

Werfen Sie diese Woche einen Blick auf Ihre Essensgewohnheiten. Wo lauern Ihre ganz persönlichen Fettfallen? Naschen Sie vielleicht gerne Schokolade oder können bei Schnitzeln, Pommes, Torte und Co. einfach nicht Nein sagen? Um sich Ihrem Wohlfühlgewicht zu nähern, sollten Sie Ihre Lebensmittel bewusst auswählen. Greifen Sie nicht sofort zu Fastfood, wenn der Hunger Sie plagt, sondern kochen Sie häufiger selber. Versuchen Sie von nun an im Durchschnitt nicht mehr als 80 Gramm Fett pro Tag zu sich zu nehmen. Essen Sie sich stattdessen an nährstoffdichten Lebensmitteln satt.

**Bitte das Kind nicht mit dem Bade ausschütten! Fett ist lebenswichtig, Sie dürfen nicht völlig darauf verzichten.**

AOK Die Gesundheitskasse.

**AOK-Tipp: Für die Ernährung wichtig!**

1. Essen Sie täglich mindestens fünf Portionen Gemüse und Obst
2. Essen Sie täglich Vollkornprodukte (Brot, Nudel, ungeschälten Reis oder Müsli).
3. Trinken Sie ausreichend, täglich eineinhalb bis zwei Liter. Alkohol dagegen nur in geringem Maß.
4. Essen Sie ein- bis zweimal pro Woche Fisch oder mageres Fleisch.

*Dehnen Sie sich fit!*

# Woche 3: von Schritt 18 000 zu Schritt 29 000

Nun starten Sie bereits in Ihre dritte Trainingswoche und walken technisch bereits souverän. Diese Woche durchbrechen Sie die 10 000-Schritt-pro-Woche-Grenze und bereichern Ihr Wochenprogramm um Dehnübungen, die Sie am besten nach Ihrem Ausdauertraining durchführen. Gymnastik, nein danke, denken Sie? Doch bitte, sagen wir! Ein regelmäßiges Gymnastikprogramm gibt Ihnen ein gutes Körpergefühl, wirkt Fehlhaltungen und Verspannungen entgegen und verbessert Ihre Beweglichkeit. Fest steht: Nur mit einer ausgewogenen Zusammenstellung aus Ausdauersport, Dehngymnastik und Kräftigungsübungen (die lernen Sie in Woche 4 kennen) trainieren Sie tatsächlich rundum und gleichen die Defizite aus, die Ihnen der bewegungsarme moderne Alltag verursacht.

## Dehnen tut gut!

Dehnen ist wichtig, um die Beweglichkeit der Muskeln zu erhalten beziehungsweise zu steigern, und sollte regelmäßig durchgeführt werden. Diese Woche stellen wir Ihnen effektive Dehnübungen vor, die Sie direkt an das Nordic-Walking-Training anschließen sollten. Nach dem Walken sind Ihre Muskeln gut angewärmt und können daher wunderbar gestretcht werden, wie man das Dehnen auch nennt.

**Zu jedem ausgewogenen Sportprogramm gehören gymnastische Übungen, die den Muskelapparat dehnen und kräftigen.**

### Aber nicht bei Muskelkater

Dass Dehnen gegen Muskelkater hilft, ist ein weit verbreiteter Fitness-Mythos. Es hilft nicht, es kann einen bestehenden Muskelkater eher noch verschlimmern. Denn ursächlich für den Muskelkater sind kleine Risse in den Muskelfasern und die nachfolgenden Schwellungen des verletzten Gewebes. Da Dehnübungen aber zusätzliche Spannung auf die Muskulatur geben, kann der Muskelkater danach noch schmerzhafter werden beziehungsweise kann sich der Heilungsprozess verzögern.

## Das hilft bei Muskelkater

Wenn auch Dehnen nicht hilft, gibt es durchaus Möglichkeiten, einen Muskelkater zu lindern: mit Wärme. Alles, was die Durchblutung und den Stoffwechsel anregt, tut dem Abheilen gut. Ein warmes Bad, ausgiebiges Duschen oder Wärmekompressen wirken sich lindernd auf Muskelkaterschmerzen aus. Für die körperliche Erholung generell sehr wichtig ist übrigens die Komponente „Schlaf". Nur wenn dem Körper genügend davon gegönnt ist, wird er sich schnellstmöglich regenerieren und die Muskulatur bestmöglich aufgebaut.

## Dehnen für die Ausgeglichenheit

Einseitige Belastungen verändern die Körperstatik und das kann unschöne, zum Teil auch schmerzhafte Folgen haben – schlaffe Bauchmuskeln, Schulterprobleme, Nackenverspannungen. Typisches Beispiel sind die Rückenschmerzen des Büromenschen, der den Großteil des Tages am Schreibtisch in leicht nach vorn gesackter Position verbringt. Seine Brustmuskeln befinden sich fast ausschließlich in verkürzter Stellung und verlieren daher nach und nach an Spannkraft. Auch die Schulter- und Rückenmuskulatur verändert sich bei einer solchen Körperhaltung, sie ist den ganzen Tag überdehnt und kaum in Bewegung. Durch diese Haltung entstehen muskuläre Dysbalancen, also verkürzte und schwache Muskeln.

*Nicht immer muss es ein Dehnprogramm sein – auch einfaches Ausstrecken tut gut.*

## Das bringt Ihnen Dehnen konkret

- Mehr Haltung: Regelmäßiges Dehnen wirkt muskulären Dysbalancen entgegen und sorgt für eine bessere Körperhaltung.
- Mehr Beweglichkeit: Das regelmäßige Durchführen des Dehnprogramms vergrößert den Bewegungsspielraum der Gelenke.
- Mehr Entspannung: Nach dem Training normalisieren Dehnübungen den Spannungszustand der Muskulatur. Eine weitere positive Wirkung ist die mentale Entspannung, die sich durch richtiges Dehnen erreichen lässt. Um die für Sie passende Dehnposition zu finden, müssen Sie intensiv in Ihren Körper hineinhören und darauf achten, was Ihnen gut tut und was nicht.

**11 000 Schritte und zweimal „Dehnen Sie sich fit!“**

## Das Problem einseitiger Belastungen

Das Problem einer nicht ausgewogenen Belastung von Muskeln und Gelenken liegt darin, dass einzelne Bereiche schnell überfordert und verspannt sind – beim Büromenschen sind Schulter- und Nackenbeschwerden typisch. Regelmäßiges Dehnen wirkt diesen Problemen entgegen, es hält Muskeln und Gelenke geschmeidig. Gemeinsam mit einem Kräftigungsprogramm fordert es Körperregionen, die in unserem bewegungsarmen Alltag verkümmern, und verbessert die Körperstatik.

Aktion 100.000 Schritte

## Ihr Programm für Woche 3: Zweimal 5500 Schritte beziehungsweise 45 Minuten

Diese Woche walken Sie zweimal etwa 5500 Schritte. Die Belastung wählen Sie wieder so, dass Sie noch ruhig atmen beziehungsweise sich unterhalten können. Wenn Sie nach Zeit walken, trainieren Sie beide Male um die 45 Minuten. Die ersten fünf Minuten des Training wärmen Sie sich wieder auf, nach dem Training führen Sie das „Dehnen Sie sich fit!“-Programm durch. Zwischen den Ausdauertrainingseinheiten liegen zwei bis drei Tage Pause. Und schließlich dokumentieren Sie Ihr Wochenpensum in dem Trainingsplan am Ende dieses Buches.

## Punkt für Punkt: So dehnen Sie richtig

- Immer nur warme Muskeln dehnen – am besten dehnen Sie direkt nach dem Ausdauertraining.
- Die Dehnung darf niemals schmerzhaft sein. Dehnen Sie immer nur so, dass Sie ein angenehmes Ziehen verspüren.
- Nehmen Sie die Dehnposition immer langsam ein und erhöhen Sie das Muskelspannungsgefühl gleichmäßig.
- Führen Sie die Übungen ruhig durch. Vermeiden Sie ruckartige und schnelle Bewegungen.

## Dehnen der Waden

**Ausgangsposition:** Stellen Sie das rechte Bein weit zurück. Das Knie des vorderen Beins ist gebeugt, das hintere Bein strecken Sie durch. Die Zehenspitzen beider Füße zeigen gerade nach vorn. Die Stöcke stellen Sie zum Abstützen in Höhe des vorderen Fußes auf.

**Ausführung:** Drücken Sie die Ferse des hinteren Beines zu Boden und verlagern Sie das Gewicht auf das vordere Bein. Wenn es in der Wade des hinteren Beines angenehm zieht, ist die Position richtig. Halten Sie die Dehnung 15 bis 20 Sekunden und wiederholen Sie die Übung auf der anderen Seite.

**Wichtig:** Sollte bei der oben dargestellten Übungsausführung keine Dehnung in der Wade auftreten, schieben Sie Ihr Becken noch ein Stück nach vorne. Achten Sie auch darauf, dass Ihr Rücken bei der Übung gerade bleibt.

## Dehnen der Beinrückseite

**Ausgangsposition:** Setzen Sie ein Bein nach vorne, stellen Sie es auf die Ferse und ziehen Sie die Zehenspitze Richtung Schienbein an. Ihr Gewicht verlagern Sie auf das hintere Bein, im Kniegelenk ist dieses leicht gebeugt. Die Stöcke stellen Sie zur Stabilisation neben sich auf.

**Ausführung:** Wenn Sie nun den Oberkörper gerade nach unten absenken, sollten Sie auf der Rückseite des Beines einen Dehneffekt verspüren. Halten Sie die Position 15 bis 20 Sekunden und wiederholen Sie die Übung auf der anderen Seite.

**Wichtig:** Das A und O dieser Übung ist ein gerader Rücken. Bleibt die Übung bei Ihnen wirkungslos, könnte dies daran liegen, dass Sie in einen Rundrücken ausweichen oder in der Hüfte abknicken.

## Dehnen von Brust und Rücken

**Ausgangsposition:** Setzen Sie die Stöcke in Schulterbreite weit vor Ihrem Körper auf. Beugen Sie den Oberkörper nach vorne, Oberkörper und Beine befinden sich etwa im 90°-Winkel.

**Ausführung:** Verlagern Sie das Gewicht nach vorne („hängen" Sie sich sozusagen in die Stöcke hinein), sodass Sie im gesamten Rumpf eine leichte Dehnung spüren. Halten Sie die Position 15 bis 20 Sekunden lang.

**Wichtig:** Die Kniegelenke nicht durchstrecken, sondern leicht gebeugt lassen!

## Dehnen der Hüftbeugemuskulatur

**Ausgangsposition:** Stellen Sie ein Bein im Ausfallschritt weit nach vorn, die Stöcke stehen schulterbreit vor dem Körper in Höhe des vorderen Fußes. Die Ferse des hinteren Beines verlässt den Boden. Halten Sie den Oberkörper während dieser Dehnübung aufrecht.

**Ausführung:** Spannen Sie Ihre Bauchmuskulatur an. Versuchen Sie das hintere Bein nun zu strecken und schieben Sie die Hüfte nach vorne bis Sie eine angenehme Dehnung in der Leistengegend spüren. Die Position 15 bis 20 Sekunden halten und die Übung dann zum Dehnen des anderen Beins wiederholen.

**Wichtig:** Weichen Sie nicht ins Hohlkreuz aus und fallen Sie mit dem Oberkörper nicht nach vorne! Achten Sie außerdem darauf, dass sich das vordere Knie nicht über die Fußspitzen hinausschiebt, denn das schadet dem Kniegelenk.

## Dehnen des Trizeps

**Ausgangsposition:** Stellen Sie sich locker und gerade hin und halten Sie einen Stock hinter Ihrem Körper fest. Die rechte Hand greift den Stock von oben, die linke hält ihn von unten fest.

**Ausführung:** Ziehen Sie mit der linken Hand den Stock Richtung Boden, sodass ein angenehmer Dehneffekt auf der Rückseite Ihres Oberarms entsteht. 15 bis 20 Sekunden halten und die Übung dann umgekehrt – der linke Arm greift von oben, der rechte von unten – durchführen. Üben Sie bitte nur sanften Zug am Stock aus. Bei dieser Übung führt in der Regel ein geringer Kraftaufwand zum erwünschten Dehneffekt.

### Nicht zu stark dehnen!

Wird der Muskel zu stark gedehnt, besteht Verletzungsgefahr. So wie ein Seil reißen kann, an dem von zwei Seiten gezerrt wird, kann auch ein Muskel einreißen, auf den ein starker Zug einwirkt. Schmerzen sind kein Hinweis auf ein ordentliches Training, sondern ein Warnsignal, dass Sie es übertreiben. Bestehende Verletzungen müssen vollständig ausheilen, bevor Sie wieder dehnen.

## Dehnen der Oberschenkel-Vorderseite

**Ausgangsposition:** Stellen Sie sich auf das linke Bein und stützen Sie sich links mit dem Stock ab, damit Sie besser Balance halten können.

**Ausführung:** Schieben Sie das Becken nach vorne und greifen Sie mit der freien Hand zu Ihrem rechten Fußgelenk. Ziehen Sie den Fuß zu Ihrem Gesäß und achten Sie darauf, dass sich die Knie beider Beine in der Endposition berühren. Wenn Sie auf der Vorderseite Ihrer Oberschenkel ein Dehnen verspüren, halten Sie die Körperhaltung 15 bis 20 Sekunden. Die Übung für das andere Bein wiederholen.

**Wichtig:** Wenn der Dehneffekt auf der Oberschenkel-Vorderseite ausbleibt, ist höchstwahrscheinlich einer der drei folgenden Fehler verantwortlich: Rundrücken, Hohlkreuz oder das Ausweichen des Fußes neben das Gesäß. Achten Sie auf eine exakte Bewegungsausführung und spannen Sie Bauch- und Gesäßmuskulatur an, um Rundrücken und Hohlkreuz entgegenzuwirken. Durch leichtes Verschieben der Hüfte können Sie das Spannungsgefühl gut regulieren.

*Mehr Power!*

# Woche 4: von Schritt 29 000 zu Schritt 40 000

Dass neben Ausdauertraining auch ein regelmäßiges Dehn- und Kräftigungsprogramm wichtig für Ihr körperliches Wohlbefinden ist, wissen Sie ja bereits. Und weil Kräftigen zu einem ausgewogenen Sportprogramm gehört und außerdem gut tut, erweitern Sie ab jetzt Ihr Sportprogramm um ein Kräftigungstraining.

## Den Energieverbrauch erhöhen

Ein regelmäßiges Kräftigungstraining hat viele Vorteile für Sie: Eine stärkere Muskulatur erleichtert alltägliche Tätigkeiten, wirkt muskulären Dysbalancen entgegen und hilft dem Körper, mehr Energie umzusetzen. Für das Gewichtsmanagement haben Muskeln eine große Bedeutung, mit jedem Gramm mehr Muskeln verbrennen Sie mehr Fett – immer und überall, auch im Schlaf. Im Schlaf? Ja, im Schlaf! Mehr Muskelmasse bedeutet einen höheren Ruheumsatz; ein höherer Ruheumsatz bedeutet, dass der Körper für alle Prozesse mehr Energie benötigt, dass er im Wach- wie auch im Ruhezustand mehr Fett und Kohlenhydrate verbraucht.

## Energiegewinnungsprozesse im Körper

Energiegewinnung in unserem Körper funktioniert ähnlich wie Energiegewinnung in einem Verbrennungsofen. Unsere Verbrennungsöfen sind dabei die Muskeln, während das Fettgewebe die Vorratsräume für die Verbrennungsöfen darstellt, in denen die Energie gelagert wird. Das Fettgewebe ist der träge Bestandteil unseres Körpers, der Teil, der sich dem Energiesparen verschrieben hat und sich jeder Verschwendung von Energie entgegenstellt. Das Fettgewebe lagert, aber verbraucht keine Energie.

## Muskeln brauchen Energie

Ein aktiver Teil unseres Körpers sind die Muskeln, die über viele kleine „Verbrennungsmotoren" in Form von Mitochondrien verfügen. Bei körperlicher Herausforderung laufen diese hochtourig, doch selbst bei körperlicher Ruhe befinden sie sich in Bereitschaft und halten sich bei geringer Umdrehungszahl warm. Auch im Stand-by-Betrieb verbrauchen die Muskeln einiges an Energie, sodass ein mehr ein Muskelmasse immer ein deutliches mehr an Energieverbrauch bedeutet – unabhängig davon, ob die Muskeln gerade den Körper bewegen oder nicht.

### Ruheumsätze sind verschieden

Die Energiemenge, die für die Aufrechterhaltung der Körperfunktionen im Zustand körperlicher Ruhe für Herzschlag, Nervenfunktionen, Körpertemperatur etc. benötigt wird, nennt man Ruheumsatz. Der Ruheumsatz macht etwa 60 bis 70 Prozent des Gesamtumsatzes unseres Körpers aus. Unsere Organe und unsere Muskulatur beanspruchen den größten Teil des Ruheumsatzes. Mit Zunahme der Muskelmasse steigt der Ruheumsatz an, ein Abbau von Muskeln reduziert ihn dagegen. Daher ist es schwer, einen für alle Personen gültigen Ruheumsatz anzugeben. Zwei gleich schwere Menschen können einen ganz unterschiedlichen Prozentsatz von Fett- und von Muskelmasse haben und deswegen völlig verschiedene Ruheumsätze.

## Gute Gründe für Sport und körperliche Aktivität

Die Muskeln sind ein wichtiger Ort, an dem Energie verbrannt wird. Und weil körperliche Aktivität die Muskelmasse in unserem Körper erhöht, gibt es beste Gründe, Sport zu treiben: Sport ist gesund, gibt Energie fürs Leben und macht Figur. Durch Sport verbrauchen Sie Energie und erhöhen langfristig Ihren Ruheumsatz, also die Energie, die der Körper zur Aufrechterhaltung der Körperfunktionen im Zustand körperlicher Ruhe (also auch im Schlaf) verbrennt.

*Viele Diäten führen zum Jo-Jo-Effekt: Was man sich abgehungert hat, ist schnell wieder da, meist sogar noch ein paar Pfunde mehr.*

## Das Problem bei kalorienreduzierten Diäten

Wissenschaftliche Studien zeigen, dass man bei den üblichen kalorienreduzierten Diäten tatsächlich Gewicht verliert. Leider geht das nicht nur zulasten der Fettreserven, sondern insbesondere zulasten der Muskulatur. Das ist fatal, denn der Ruheumsatz wird dadurch gesenkt, sodass der Körper zu jeder Zeit weniger Energie umsetzt. Nach einer Diät erhöht sich bei normaler Ernährung das Gewicht wieder, denn der Körper arbeitet inzwischen auf Sparflamme. Schon normale Portionen liefern dem Körper einen beachtlichen Kalorienüberschuss, den er ‚hochglücklich' abspeichert, um für künftige Notzeiten gerüstet zu sein. Dies ist eine der Ursachen für den berühmt-berüchtigten Jo-Jo-Effekt, der nach vielen Diäten zu beobachten ist.

**Energie verbrauchen und Fett verbrennen kann der Körper sogar im Schlaf. Je höher sein Ruheumsatz ist, desto mehr Energie benötigt er.**

Körperlich aktive Menschen haben aufgrund ihrer höheren Muskelmasse dagegen eine gute Chance, ihr Wunschgewicht auch auf Dauer zu halten: Treiben Sie also Sport, aber achten Sie auch auf die vielen kleinen Gelegenheiten des Alltags, um Energie zu verbrennen und die Muskeln zu stärken.

## Beim Kräftigungsprogramm beachten

Wir empfehlen Ihnen, das in diesem Buch vorgestellte Kräftigungsprogramm in dieser Woche an zwei Tagen durchzuführen. Folgendes gilt es, bei der Ausführung zu beachten: Wiederholen Sie jede Übung so oft wie vorgeschlagen, machen Sie eine zweiminütige Pause und führen Sie die Übung dann noch einmal wie eben durch. Dann wechseln Sie zur nächsten Übung, bei der Sie genauso vorgehen. Trainingswissenschaftlich formuliert man das so: Sie machen pro Übung die angegebenen Wiederholungen und führen davon zwei Sätze durch. Von dieser Art des Trainings werden Ihre Muskeln müde werden und das ist für den Muskelaufbau gewollt. Außerdem wichtig: Vergessen Sie das Atmen nicht. Atmen Sie während der Anspannung ruhig ein, während der Entspannung ruhig aus.

Aktion 100.000 Schritte

## Ihr Programm für Woche 4: Zweimal 5500 Schritte oder zweimal 45 Minuten

In der vierten Woche walken Sie mit Ihren Stöcken zweimal etwa 5500 Schritte oder zweimal 45 Minuten. Wie immer gilt das Motto „Walken und talken“. Fünf Minuten des Trainings wärmen Sie sich wie gewohnt auf, nach dem Walken führen Sie Ihr „Dehnen Sie sich fit!“-Programm durch. Außerdem steht zweimal diese Woche das Kräftigungsprogramm an, das Sie gleich kennen lernen.

Dokumentieren Sie Ihr Wochenpensum wieder im Trainingsplan am Ende des Buches und lassen Sie sich zwischen den Ausdauertrainingseinheiten zwei bis drei Tage Pause. Auch zwischen der Durchführung der beiden Kräftigungsprogramme sollten mindestens zwei Tage Pause liegen.

**Woche 4: 11 000 Schritte mit mehr Power. Zweimal „Dehnen Sie sich fit!“ und zweimal Kräftigungsprogramm „Mehr Power!“.**

### Checkliste: Nordic-Walking-Technik

**Prüfen Sie außerdem in dieser Woche Ihr Nordic Walking noch einmal bewusst auf technische Sauberkeit. Achten Sie besonders auf folgende Punkte:**

- die Schultern sind locker und entspannt, der Kopf ist angehoben, der Blick nach vorne gerichtet,
- die Arme arbeiten raumgreifend von vorne nach hinten,
- die Stöcke werden dicht am Körper geführt, setzen in Höhe der Ferse auf und werden im Einklang mit dem Schritt nach hinten geschoben,
- die Stöcke sind nur fest umgriffen, wenn sie mit Druck auf den Boden aufgesetzt werden – ansonsten ist der Handgriff locker.

*Nicht verspannt, sondern kraftvoll soll der Bewegungsablauf beim Nordic Walking sein.*

## Wichtig: Auf die Bewegungsausführung achten!

Die Angabe der Wiederholungszahl (15 Wiederholungen) ist ein Richtwert. Wenn Sie sich daran orientieren, dann regen Sie Ihre Muskulatur zum Wachsen an. Wichtig bei den Kräftigungsübungen ist es, dass Sie die Übungen langsam und technisch sauber ausführen. Sollten Sie das bei der angegebenen Wiederholungszahl nicht schaffen, weil Sie überanstrengt sind, machen Sie bitte weniger Wiederholungen.

Fühlen Sie sich bei dem Gymnastikprogramm dagegen unterfordert, dann können Sie einige Übungen auch intensivieren, indem Sie sie mit Gewichten durchführen, also beispielsweise Wasserflaschen in die Hände nehmen. Die Gewichte sind für Sie passend, wenn Sie sie im ausgeruhten Zustand mindestens 20-mal mit sauberer Technik heben können. Dann ist auch im Training eine korrekte Bewegungsausführung möglich. Nach etwa 20 Trainingseinheiten sollten Sie die Gewichte anpassen.

## Kräftigung der Brustmuskulatur

**Ausgangsposition:** Sie stehen aufrecht mit leicht gebeugten Knien. Halten Sie einen Stock etwa in Brusthöhe horizontal vor dem Körper, die Ellbogen sind angewinkelt.
**Ausführung:** Bauen Sie nun im Brustbereich und in den Armen Muskelspannung auf, indem Sie versuchen, den Stock zusammenzudrücken. Halten Sie diese Grundspannung während der ganzen Übungsausführung aufrecht. Strecken Sie Ihre Arme langsam und kraftvoll nach vorne und wieder zurück in die Ausgangsposition. 15 Wiederholungen.
**Wichtig:** Achten Sie bei dieser Übung besonders auf die Haltung Ihrer Schultern. Diese sollen während der Durchführung locker und entspannt bleiben, ziehen Sie die Schultern aktiv nach unten.

## So kräftigen Sie richtig

- Führen Sie die Übungen langsam und genau durch.
- Versuchen Sie nicht, die Übungen mit Schwung auszuführen oder der Bewegung auszuweichen.
- Vergessen Sie das Atmen nicht. Atmen Sie während der Anspannung ruhig und gleichmäßig. Keine Pressatmung.
- Stimmen Sie Atmung und Kräftigungsübung aufeinander ab: Während der Kraftanstrengung atmen Sie aus, Luft holen Sie, während der Körper sich entspannt. Am konkreten Beispiel der Übung zur Kräftigung der Bauchmuskulatur bedeutet dies, dass Sie während des Hochgehens ausatmen und beim Absenken des Oberkörpers wieder einatmen.

## Kräftigung der Bauchmuskulatur

**Ausgangsposition:** Sie liegen flach auf dem Rücken, die Beine stellen Sie angewinkelt vor sich auf. Die fast ausgestreckten Arme halten den Stock locker fest.

**Ausführung:** Heben Sie Kopf und Schulter vom Boden, ziehen Sie dabei die Bauchmuskulatur zusammen. Achten Sie darauf, dass Sie Ihren Blick nach oben richten und die Wirbelsäule nicht einrollen. Schieben Sie die Arme in Richtung der Füße und atmen Sie beim Anheben aus. Halten Sie die Spannung zwei Sekunden. Senken Sie den Oberköper sanft ab und atmen Sie aus.

Legen Sie den Kopf und die Schultern nicht ganz am Boden ab, halten Sie die Spannung im Körper und bewegen Sie sich wieder nach oben. Wiederholen Sie das Auf- und Absenken als Anfänger so oft Sie es schaffen, als Fortgeschrittener 15-mal.

**Wichtig:** Blicken Sie während der Übung zur Decke. Der Kopf bleibt in Verlängerung des Rückens und knickt im Halsbereich nicht ab.

## Kräftigung der Wadenmuskulatur

**Ausgangsposition:** Sie stehen locker und gerade. Damit Sie bei der Übung besser Balance halten können, stützen Sie sich auf den vor Ihnen stehenden Stöcken ab.

**Ausführung:** Heben Sie die Fersen vom Boden ab und stellen Sie sich so hoch wie möglich auf die Zehenspitzen. Atmen Sie während der Bewegung aus. Senken Sie die Fersen langsam ab und atmen Sie derweil ein. Stellen Sie die Fersen nicht auf den Boden ab, sondern führen Sie den Übungsablauf aus angehobener Fersenstellung wieder durch. 15-mal wiederholen.

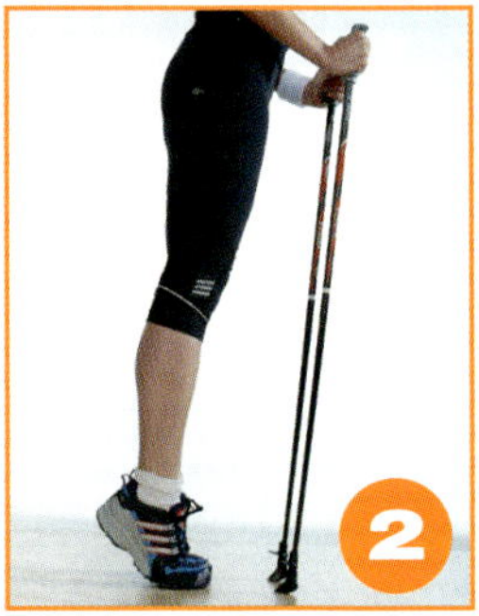

**Wichtig:** Achten Sie während der gesamten Übung darauf, dass Schulter, Gesäß und Fersen eine Linie bilden. Die Bewegung kommt ausschließlich aus dem unteren Beinbereich, der Rest des Körpers ändert seine Haltung nicht. Spannen Sie Bauch- und Gesäßmuskulatur an, um das Becken zu fixieren.

## Kräftigung der Rückenmuskulatur

**Ausgangsposition:** Legen Sie sich auf den Bauch. Die Beine halten Sie gerade, die Füße sind nach außen gedreht, sodass Oberschenkel und Knie flach aufliegen. Die Arme liegen schulterbreit gestreckt vor dem Körper und halten einen Nordic-Walking-Stock fest. Bauen Sie in der Bauch- und Gesäßmuskulatur Spannung auf und halten Sie diese während der gesamten Übungsausführung aufrecht.

**Ausführung:** Lösen Sie die gestreckten Arme langsam vom Boden. Achten Sie darauf, dass Sie den Kopf und den Schultergürtel nur wenig anheben, gehen Sie nicht höher als zur Schulterebene. Halten Sie den Blick zum Boden gerichtet und führen Sie die Arme langsam nach hinten. Halten Sie die Position zwei bis drei Sekunden, wenn sich der Stock oberhalb des Nackens befindet, und schieben Sie dann die Arme wieder nach vorne. Wiederholen Sie die Bewegung als Anfänger zunächst zehnmal, später führen Sie sie 15-mal durch.

**Wichtig:** Arbeiten Sie bei der Bewegungsausführung auf gar keinen Fall mit Schwung, sondern nur mit Muskelkraft. Halten Sie Ihren Blick immer nach unten gerichtet, Wirbelsäule, Hals und Kopf bilden eine Linie.

1

2

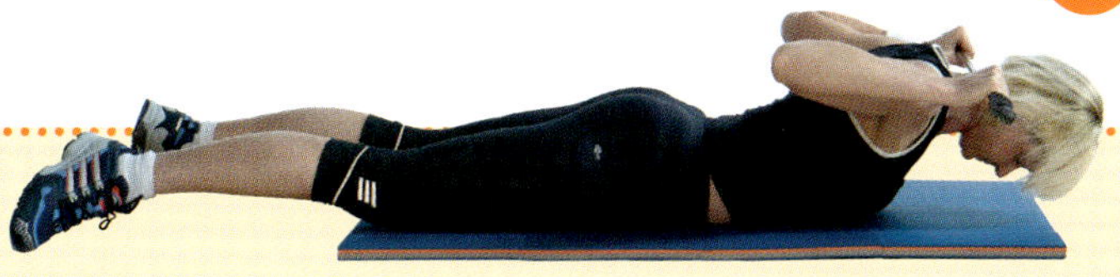

## Kräftigung der seitlichen Bein- und Gesäßmuskulatur

**Ausgangsposition:** Stellen Sie sich auf das linke Bein, das Knie des Beins ist leicht gebeugt. Der Stock steht rechts von Ihnen auf, damit Sie bei der Übungsausführung einen festen Stand haben. Ziehen Sie die Fußspitze des gestreckten Beins Richtung Schienbein an, sodass Ihre Muskulatur angespannt ist.

**Ausführung:** Führen Sie das angehobene Bein langsam nach außen. Die Bewegung sollte nicht mit Schwung, sondern mit Muskelkraft ausgeübt werden. Heben Sie das Bein nur soweit an, wie Sie mit dem Oberkörper noch aufrecht bleiben können – weichen Sie mit dem Rumpf nicht zur Seite aus. Halten Sie die Position einige Sekunden und senken Sie das Bein dann wieder ab. Wiederholen Sie den Bewegungsablauf 15-mal, ohne das Bein auf dem Boden abzusetzen. Wechseln Sie dann auf das andere Bein.

**Wichtig:** Achten Sie auf einen geraden Rücken und halten Sie die Spannung im Oberkörper. Weichen Sie nicht zur Seite aus, verfallen Sie nicht ins Hohlkreuz und machen Sie auch keinen Rundrücken.

## Kräftigung der Oberschenkel-Innenseite

**Ausgangsposition:** Die Ausgangsposition entspricht der oben dargestellten Ausgangsposition. Auch bei dieser Übung gilt: Die Bewegung wird nicht mit Schwung, sondern mit Muskelkraft ausgeführt.

**Ausführung:** Führen Sie das angehobene Bein vor dem Körper am Standbein vorbei nach links. Bleiben Sie mit dem Oberkörper aufrecht und weichen Sie nicht zur Seite aus. Halten Sie das Bein einige Sekunden in der höchsten Position und führen Sie es dann wieder in die Ausgangsposition zurück. 15-mal wiederholen, ohne das Bein abzusetzen. Dann mit dem linken Bein durchführen.

**Wichtig:** Halten Sie Körperspannung, das Anspannen der Bauchmuskulatur verhindert das Hohlkreuz.

## Kräftigung der Gesäßmuskulatur

**Ausgangsposition:** Stellen Sie sich locker und gerade hin und stellen Sie die Stöcke etwa hüftbreit vor sich auf. Heben Sie das rechte Bein leicht gewinkelt an, die Fußspitze ziehen Sie dabei Richtung Schienbein.

**Ausführung:** Führen Sie langsam und ohne Schwung das rechte Bein nach hinten, bis es gestreckt ist. Die Fußspitzen bleiben angezogen, die Muskeln gespannt. Strecken Sie das Bein durch, halten Sie das Bein einige Sekunden in der höchsten Position und führen Sie das Bein wieder zurück in die Ausgangsposition. Wiederholen Sie den Bewegungsablauf 15-mal ohne abzusetzen. Dann ist das andere Bein an der Reihe.

**Wichtig:** Gehen Sie nur so weit mit dem Bein nach oben, wie Sie noch sicher stehen können, und nur so weit, dass Sie nicht ins Hohlkreuz fallen. Um dies zu verhindern, spannen Sie Ihre Bauchmuskulatur an.

Es geht bei dieser Übung nicht darum, möglichst weit in die Waagrechte zu kommen, sondern die Gesäßmuskulatur anzuspannen. Ein Tipp: Am besten können Sie Ihre Körperhaltung kontrollieren, wenn Sie vor einem großen Spiegel üben.

WOCHE 5 BIS WOCHE 8:

# Ihr Nordic-Walking-Aufbauprogramm

VIER

*Machen Sie Tempo!*

# Woche 5: von Schritt 40 000 zu Schritt 52 000

„Walken und Talken“ war das Motto, das Sie die letzten vier Wochen durchs Ausdauertraining geführt hat. Hoffentlich so gut, dass Sie das Sport-Fieber gepackt hat, Sie Ihr Bewegungspensum nicht nur genießen, sondern es gar nicht mehr missen möchten. Doch damit wird es auch Zeit für Variationen in Ihrem Nordic-Walking-Training. Für den Erfolg eines Sportprogramms ist es nämlich sehr wichtig, Langeweile zu vermeiden. Daher steigern Sie im Aufbauprogramm nun die Intensität des Nordic Walkings und steuern ab dieser Woche Ihr Training über die Herzfrequenz.

## Die Belastung im rechten Maß steigern

In den vergangenen Wochen haben Sie nach dem Motto „Walken und Talken“ eine einfache, aber wirkungsvolle Methode benutzt, um die Trainingsbelastung zu dosieren und sich vor Überforderung zu schützen. Mit dieser Methode trainieren Sie in einem Belastungsbereich, der ideal ist, um eine Grundlagenausdauer aufzubauen. Vor einer Überbelastung des Herz-Kreislauf-Systems schützt Sie die Methode gut. Nach nunmehr aber 40 000 Schritten Nordic-Walking-Training können Sie den Belastungsgrad Ihres Trainings bedenkenlos ein wenig steigern.

## Die Herausforderung eines guten Trainings

Damit der Körper so auf das Training reagiert, wie Sie es sich vorstellen, muss die Intensität des Trainings stimmen. Für erfolgreiche sportliche Betätigung gilt die Herausforderung, dass zwar eine bestimmte Reizschwelle überschritten werden muss, der Organismus aber nicht überfordert werden darf. Von Mensch zu Mensch kann die Reizschwelle ganz unterschiedlich liegen: Eine an sportliche Herausforderungen gewöhnte 20-Jährige wird durch ein dreiviertelstündiges Walking-Training in ebenem Gelände und ohne Stöcke wohl kaum ins Schwitzen kommen, während es eine völlig untrainierte und übergewichtige 50-Jährige grenzwertig anstrengt. Das Walken, obwohl es vom Umfang her gleich ist, setzt bei den beiden völlig unterschiedliche Trainingsreize: die eine unterfordert es, während es für die andere eine Überlastung ist.

Wenn man die gleiche körperliche Reaktion bei unseren beiden Beispielpersonen erreichen will – leichtes Schwitzen, mittleres Anstrengungsgefühl – müssen die beiden unterschiedliche Herausforderungen erhalten. Die 20-Jährige könnte beispielsweise ein Nordic-Walking-Training in hügeligem Gelände absolvieren, während für die 50-Jährige ein sanftes und zeitlich deutlich kürzeres Walkingtraining auf ebenen Wegen passend wäre.

## Die Trainingsintensität steuern

Die Schwelle, bei der der Organismus in wirksamer Intensität angestrengt wird, ist von Person zu Person verschieden. Wo sie im Einzelfall liegt, kann an der Reaktion der belasteten Organsysteme erkannt werden: An einer Veränderung der Herzfrequenz, am Anspannungsgrad der Muskulatur und an den Stoffwechselvorgängen im Organismus. Für das Ausdauertraining im Breitensport ist die Herzfrequenz während des Trainings das geeignete Kriterium der Belastungssteuerung. Dazu sollten Sie wissen, dass die maximale Herzfrequenz vom Leistungszustand und vom Alter abhängig ist. Um diese ganz exakt zu ermitteln, müssten Sie eine so genannte leistungsdiagnostische Untersuchung bei einem Sportmediziner machen lassen. Mit weniger Aufwand verbunden – aber natürlich auch ungenauer –, sind Faustformeln, die die individuelle Leistungsfähigkeit außer Acht lassen und die Ihnen nach Alter und Geschlecht Trainingsempfehlungen geben.

### Warum Steigerungen für Ihr Herz gut sind

**Sie wissen ja bereits, dass Ausdauertraining Ihren Herzmuskel kräftigt. Wenn Sie zu Beginn Ihrer Walking-Karriere eine vorgegebene Strecke und Zeit zum Beispiel mit einem Schlagrhythmus von 130 Schlägen pro Minute bewältigen, wird es Ihr Herz nach 12 bis 15 Wochen regelmäßigen Trainings deutlich weniger anstrengen, die gleiche Strecke in der gleichen Zeit wieder zu walken – es wird dann dabei vielleicht nur noch 120-mal pro Minute schlagen. Dann gilt es, die Belastung weiter zu steigern, damit Ihr Herz noch kräftiger wird.**

## Variieren für den Leistungszuwachs

Wenn Sie bisher nach dem Motto „Walken und Talken“ gelaufen sind, dürften Sie zwischen 60 und 70 Prozent Ihrer maximalen Herzfrequenz erreicht haben. Diese Woche sollten Sie versuchen, an der oberen Grenze (um die 70 Prozent der maximalen Herzfrequenz) zu trainieren. Später steigern Sie sich dann auf rund 80 Prozent der maximalen Herzfrequenz.

Neben dem Prinzip, die Belastungsart einer Trainingswoche zu variieren (also Ausdauer und Krafttraining abzuwechseln), ist die Steigerung der Belastung ein zweites wesentliches Prinzip für den Trainingserfolg. Die Steigerung der Belastung ist wichtig, damit Ihre Muskulatur und Ihr Herz kräftiger werden, doch auch aus psychologischer Sicht ist sie bedeutsam.

## Motivation und Fettverbrennung

Langeweile ist neben Überforderung das gefährlichste Gift für die Sportlermoral. Variationen im Anstrengungsgrad, Variationen in der Wegstrecke und auch Variationen in der Sportart sind wichtig, um langfristig bei der Sache zu bleiben und dauerhaft Leistungsfortschritte verbuchen zu können.

„Doch verbrennt man eigentlich noch ausreichend Fett, wenn man intensiv trainiert?“, werden sich manche Leser jetzt fragen. Gemeinhin gelten ja 60 bis 70 Prozent der maximalen Herzfrequenz als optimaler Bereich für ein Fettverbrennungstraining, wogegen bei intensiverer Belastung etwa 80 Prozent der maximalen Herzfrequenz erreicht werden. Doch diese Zweifel sind unbegründet, wie Sie im Folgenden sehen.

## Die Sache mit der Fettverbrennung

Bei verschiedenen Belastungsintensitäten spielen sich im Körper unterschiedliche Stoffwechselvorgänge zur Energiegewinnung ab, darüber ist sich die Fachwelt einig. Bei welcher Belastungsintensität jedoch was im Einzelnen passiert und wann die Fettverbrennung maximal ist, darüber herrscht unter den Fitness- und Sportexperten scheinbar weniger Einvernehmen.

*Eine gute Frage: Wie soll man beim Nordic Walking trainieren, um die Fettreserven effektiv anzugehen?*

**Fettverbrennung und Fettabbau**

**Fettverbrennung ist nicht gleichzusetzen mit dem Fettabbau: Fettverbrennung ist ein ganz normaler Stoffwechselvorgang im Körper. Fettabbau bezeichnet dagegen den konkreten Wunsch, schlanker zu werden, er ist über die negative Energiebilanz erreichbar.**

Steht in einem Fitnessratgeber, dass Sie möglichst langsam laufen sollen, um die Fettverbrennung anzukurbeln, spornt ein anderer Experte Sie zu möglichst intensivem Training an, damit Sie viele Kalorien in kurzer Zeit verbrauchen. Manche Zeitschriften werben mit einem atemraubenden Power-Workout als „Super-Fatburner", andere empfehlen das sanfte Wellness-Walken als beste Fettverbrennungsmethode.

## Eine wichtige Unterscheidung

Um in Sachen „Fettverbrennung" Klarheit zu schaffen, ist es zunächst wichtig, zwischen relativer und absoluter Fettverbrennung zu unterscheiden. Relativ (das heißt prozentual von der Gesamtenergiemenge) verbrennt der Organismus nun tatsächlich umso mehr Fett, je weniger intensiv die körperliche Belastung ausfällt. Je intensiver die Belastung wird, desto mehr verschiebt sich das Verhältnis hin zu den Kohlenhydraten, bis bei extrem anstrengender Belastung nur noch Kohlenhydrate verbrannt werden.

Relativ gesehen (also von der Prozentzahl her) verbrennen Sie im Schlaf sehr viel mehr Fett als in Bewegung. Trotzdem würden Sie deswegen nicht auf die Idee kommen, Sie könnten sich „schlank schlafen". Denn klar ist auch, dass man in Ruhe liegend weit weniger Energie benötigt als beim Alltagsgeschäft oder gar beim Sport. Die Gesamtmenge an Energie (absoluter Anteil), die während des Schlafens aus dem Körperfett gewonnen wird, ist recht niedrig. 80 Prozent von einer kleinen Menge sind einfach weitaus weniger als 50 Prozent von einer großen Menge.

## Die Ausdauergrundlage ist wichtig

Trotzdem sollte ein Sportanfänger nicht zu intensiv trainieren. Da ihm eine solide Ausdauergrundlage fehlt, würde er sich physisch wie psychisch dabei überfordern. Nach einiger Zeit jedoch kann er sich Schritt für Schritt höher belasten und muss sich dabei nicht um den Fettabbau sorgen. Denn auch bei höherer Belastungsintensität wird Fett verbrannt, relativ zwar weniger, absolut aber umso mehr. Orientierungswert und Tabugrenze für das Training ist dabei die maximale Herzfrequenz, die ganz einfach ermittelt werden kann.

## Die maximale Herzfrequenz ist Grenze und Orientierungswert

Das A und O sportlichen Trainings ist es, sich zu fordern, aber nicht zu überfordern. Wenn Sie künftig mit Ihrer Trainingsintensität experimentieren, gibt es eine Grenze bei 80 Prozent der maximalen Herzfrequenz. Sollten Sie diese im Training überschreiten oder sich gar Ihrer maximalen Herzfrequenz nähern, ist das Ziehen der „Notbremse“ Pflicht. Das heißt, Sie nehmen die Belastungsintensität deutlich zurück oder brechen das Training ab. Auch wenn Ihnen übel wird oder Ihnen schwindelig ist, heißt es, das Training sofort zu unterbrechen.

## Ermitteln Sie Ihre Werte

Die „American Heart Association“ empfiehlt für Frauen und Männer folgende Berechnungsformel für die maximale Herzfrequenz.
Frauen: Maximale Herzfrequenz = 226 Schläge/Minute minus Lebensalter
Männer: Maximale Herzfrequenz = 220 Schläge/Minute minus Lebensalter
Achtung, auf Kinder kann die Formel der „American Heart Association“ nicht angewendet werden!

### Trainingsherzfrequenzen für Frauen

| Alter | max. Herzfrequenz | 60 %* | 70 %* | 80 %* |
|---|---|---|---|---|
| 30 Jahre | 196 Schläge/Min. | 118** | 137** | 157** |
| 40 Jahre | 186 Schläge/Min. | 112** | 130** | 149** |
| 50 Jahre | 176 Schläge/Min. | 106** | 123** | 141** |
| 60 Jahre | 166 Schläge/Min. | 100** | 116** | 133** |
| 70 Jahre | 156 Schläge/Min. | 94** | 109** | 125** |

* der max. Herzfrequenz | **Schläge/Minute

## Trainieren Sie richtig!

Die für Sie günstigen Trainingsherzfrequenzen liegen zwischen 60 Prozent und 80 Prozent der maximalen Herzfrequenz. Was das konkret für Sie in Schlägen pro Minute bedeutet, können Sie den Tabellen auf dieser Doppelseite entnehmen. Um im optimalen Bereich zu trainieren, müssen Sie Ihre Herzfrequenz (Ihren Puls) während des Trainings überwachen. Dies können Sie mit der Handmessmethode tun, wie sie auf Seite 74 beschrieben ist. Der Nachteil dieser Methode: Sie müssen dafür immer wieder stehen bleiben und haben keine kontinuierliche Überwachung Ihrer Trainingsintensität.

Besser und auf jeden Fall auch bequemer als die Handmessmethode ist die Verwendung eines Herzfrequenz-Messgerätes (alltagssprachlich Pulsuhr genannt), das begleitend zum Training Ihre Belastung überwacht und bei Überforderung unmittelbar reagiert. Bei den meisten Pulsuhren können Sie Ihren optimalen Trainingsbereich als Ober- und Untergrenze eingeben, zum Beispiel 110 bis 145 Schläge pro Minute. Wenn Sie diesen Bereich im Training verlassen, ertönt ein Warnsignal.

*Mit einer Pulsuhr bleibt die Herzfrequenz stets im Blick – ideal für optimale Trainingserfolge!*

### Trainingsherzfrequenzen für Männer

| Alter | max. Herzfrequenz | 60 %* | 70 %* | 80 %* |
|---|---|---|---|---|
| 30 Jahre | 190 Schläge/Min. | 114** | 133** | 152** |
| 40 Jahre | 180 Schläge/Min. | 108** | 126** | 144** |
| 50 Jahre | 170 Schläge/Min. | 102** | 119** | 136** |
| 60 Jahre | 160 Schläge/Min. | 96** | 112** | 128** |
| 70 Jahre | 150 Schläge/Min. | 90** | 105** | 120** |

* der max. Herzfrequenz | **Schläge/Minute

### So messen Sie Ihren Puls mit der Hand

Nehmen Sie eine Uhr mit Sekundenzeiger zur Hand. Das Tasten des Pulses funktioniert am einfachsten mit dem Zeige- und Mittelfinger der rechten oder linken Hand. Drücken Sie die beiden Finger sanft auf die Halsschlagader unterhalb des Unterkiefers. Wenn Sie die richtige Stelle gefunden haben, fühlen Sie jetzt Ihren Puls. Zählen Sie 15 Sekunden lang die Schläge. Multiplizieren Sie diese Zahl mit vier, dann haben Sie die Anzahl der Schläge pro Minute.

### Belastungssteuerung beim Nordic Walking

Sie können beim Nordic Walking Ihren ganz individuellen Belastungsgrad finden, indem Sie die Stöcke mehr oder weniger aktiv einsetzen. Wenn es Ihnen beim Training zu viel wird oder Ihre Pulsuhr Alarm schlägt, können Sie Armkraft und Schrittlänge einfach reduzieren und den Intensitätsgrad so deutlich verringern. Anders als beim Joggen werden Kalorienverbrauch und Trainingseffekt beim Nordic Walking nicht in erster Linie über die Laufgeschwindigkeit gesteuert. Entscheidend beim Nordic Walking sind die Kraft des Stockeinsatzes und der Bewegungsumfang!

Aktion 100.000 Schritte

## Ihr Programm für Woche 5: Zweimal 6000 Schritte oder zweimal 50 Minuten

In der fünften Woche walken Sie mit Ihren Stöcken zweimal etwa 6000 Schritte oder zweimal 50 Minuten. Die Intensität liegt bei etwa 70 Prozent Ihrer maximalen Herzfrequenz. Wärmen Sie sich fünf Minuten des Trainings auf und führen Sie nach dem Walken Ihr „Dehnen Sie sich fit!"-Programm durch. Zu guter Letzt können Sie Ihre Muskeln dreimal mit der „Mehr Power"-Gymnastik kräftigen. Dokumentieren Sie auch dieses Mal Ihr Wochenpensum wieder in dem Trainingsplan am Ende dieses Buches und lassen Sie sich zwischen den beiden Ausdauertrainingseinheiten zwei bis drei Tage Pause.

**Woche 5: 12 000 Schritte bei 70 Prozent! Zweimal „Dehnen Sie sich fit!" und dreimal „Mehr Power!".**

*Trinken Sie sich fit und schlank!*

# Woche 6: von Schritt 52 000 zu Schritt 67 000

Damit es nicht langweilig wird und Ihr Körper gefordert bleibt, steigern Sie sich weiter. Diese Woche mit drei Trainingseinheiten Nordic Walking. Zwei der Einheiten werden mit einer Intensität von etwa 70 Prozent der maximalen Herzfrequenz absolviert, eine dient der Regeneration und hat eine geringere Belastungsintensität.

Je aktiver Sie nun sind, desto wichtiger wird es, dass Sie auch auf Ihren Flüssigkeitshaushalt achten. Bereits bei sportlicher Aktivität mit mittlerer Intensität wird etwa ein Liter Schweiß pro Stunde vergossen. Mindestens eineinhalb bis zwei Liter Flüssigkeit sind an einem sportlosen Tag Pflicht – für einen Sportler sind es mehr, es können sogar bis zu vier Liter sein.

## Welches Getränk?

Mineralwasser – ob mit oder ohne Kohlensäure – ist das optimale Getränk, denn es löscht den Durst und liefert dem Körper wichtige Mineralstoffe wie Calcium oder Magnesium. Gut sind Fruchtsaftschorlen aus einem Drittel Fruchtsaft und zwei Dritteln Mineralwasser, das mit nicht zu viel Kohlensäure versetzt ist. Für den Saft greifen Sie am besten zu Produkten aus 100 Prozent Obst ohne Zuckerzusatz oder gönnen sich frisch gepresste Säfte.

## Trinken für das Wohlfühlgewicht und mehr Fitness

Der Durst meldet sich leider immer erst, wenn bereits ein Wassermangel im Körper herrscht. Daher sollten Sie über den Tag kontinuierlich Wasser trinken, auch zum Essen oder während der Arbeit. Wenn immer ein gefülltes Glas in Griffnähe steht oder Sie unterwegs eine Wasserflasche dabei haben, vergessen Sie das Trinken nicht. Eine gute Gedächtnisstütze kann aber auch ein Wecker sein, der einmal stündlich klingelt.

## Trinken beim Sport

Um den Flüssigkeitsverlust durch Sport im grünen Bereich zu halten, trinken Sie am besten vor dem Training schon eine kleine Fruchtsaftschorle. Bei den Belastungsumfängen in unserem Programm (unter 60 Minuten), müssen Sie während des Trainings selbst dann nichts mehr trinken. Nach dem Training sollten Sie den Schweißverlust mit Mineralwasser oder Saftschorle jedoch wieder ausgleichen. Meinen Sie es dann aber auch nicht zu gut und trinken Sie nicht mehr als einen halben Liter auf einmal, denn solche Mengen überfordern Ihren Magen-Darm-Trakt.

Aktion 100.000 Schritte

## Ihr Programm für Woche 6: Zweimal 5000 Schritte (40 Minuten) Ausdauertraining und einmal 5000 Schritte (45 Minuten) Regenerationstraining

Für die sechste Woche empfehlen wir Ihnen zwei Trainingseinheiten zwischen 70 und 80 Prozent Ihrer maximalen Herzfrequenz mit je etwa 5000 Schritten. In Zeit gerechnet sind Sie dann etwa 40 Minuten unterwegs. Nach diesen beiden intensiven Trainingseinheiten sollten Sie die Woche mit einer sanfteren Einheit zwischen 60 und 70 Prozent Ihrer maximalen Herzfrequenz und etwa 5000 Schritten beziehungsweise 45 Minuten abschließen.

Nach dem Walken sollten Sie Ihr „Dehnen Sie sich fit!"-Programm durchführen, und zu guter Letzt Ihre Muskeln zweimal mit der „Mehr Power"-Gymnastik kräftigen. Achten Sie außerdem diese Woche auf Ihre Trinkgewohnheiten und versuchen Sie mindestens eineinhalb Liter täglich zu erreichen. An Ihren Sporttagen sollten Sie entsprechend mehr trinken.

Dokumentieren Sie auch dieses Mal Ihr Wochenpensum wieder in dem Trainingsplan und lassen Sie sich zwischen den Ausdauertrainingseinheiten mindestens zwei Tage Pause. Ein Vorschlag: Wiegen Sie sich einmal vor und nach dem Training in derselben Kleidung. Der Gewichtsunterschied zwischen den Messungen ist der Flüssigkeitsverlust, der durch das Training entstanden ist. Den gilt es auf jeden Fall auszugleichen.

**Woche 6: 15 000 Schritte, dreimal „Dehnen Sie sich fit!" und zweimal „Mehr Power!"-Gymnastik.**

*Auf der Zielgeraden!*

# Woche 7: von Schritt 67 000 zu Schritt 83 000

Kompliment, 70 000 Schritte haben Sie bald geschafft und Ihr Ziel ist in Sichtweite. Es wird damit Zeit, sich Gedanken zu machen, wie es nach der achten Trainingswoche weitergehen soll. Die Antwort: So wie jetzt! Trainieren Sie weiterhin Ihre Ausdauer und bringen Sie Ihre Muskeln mit dem „Mehr Power!"-Gymnastikprogramm in Form. Bleiben Sie am Ball! So schnell Sie Ihre Fitness mit der „Aktion 100.000 Schritte" auch aufgebaut haben, so schnell baut sich diese Leistungsfähigkeit wieder ab, wenn Sie im Training nachlassen. Werden Sie nach den 100 000 Schritten zu Ihrem eigenen Trainer, der Ihren Trainingsumfang plant, der Sie zu Topleistungen anspornt und der Ihnen über Motivationstiefs hinweghilft. Das notwendige Wissen dafür vermitteln Ihnen die nächsten beiden Trainingswochen.

## Werden Sie Ihr eigener Trainer

Als eigener Trainer haben Sie große Verantwortung. Sie müssen sich selbst motivieren und Ihr Leben bewegt halten. Eine sehr wirkungsvolle Methode, sich an ein Vorhaben zu binden, besteht darin, seine Aufgaben konsequent terminlich zu planen. Mit einem schriftlichen niedergelegten Trainingsplan haben Sie ein wirksames Mittel, dauerhaft aktiv zu bleiben und Ihr Sportprogramm über die Phasen von Unlust hinwegzuretten.

## Von der Absicht zum Plan

Um Ihren Trainingsplan zu gestalten, erinnern Sie sich am besten an die Stundenpläne aus Ihrer Schulzeit, die sehr konkret und detailliert waren. So sollten Sie auch Ihre sportliche Aktivität planen: Legen Sie Ort, Gelegenheit und Art der Aktivität fest. Je genauer Sie sich festlegen, desto eher halten Sie einen Termin ein. Hilfreich an dem Plan ist außerdem, dass Sie einen Überblick behalten, was Sie tatsächlich geschafft haben. Nehmen Sie Ihren Terminplan vor dem Zu-Bett-Gehen zur Hand und haken Sie jeden „erledigten" Aktivitätstermin ab.

## Einen Termin verpasst?

Konnten Sie einen Termin einmal nicht einhalten, machen Sie sich deswegen bitte nicht verrückt. Machen Sie sich keine Vorwürfe, sondern bleiben Sie flexibel. Ein verpasster Termin ist nicht mehr und nicht weniger als ein verpasster Termin! Machen Sie ganz normal in Ihrem Wochenterminplan weiter und versuchen Sie nicht, das Versäumte am nächsten Tag wieder „hereinzuholen". Wichtig für erfolgreiches Sporttreiben ist die richtige Mischung aus Regeneration und Belastung. Ein unorganisierter Aktionismus bringt Ihnen gar nichts. Ihr Körper ist ein intelligentes System, das nur bei passender Ansprache in gewünschter Art und Weise reagiert.

## Zu den biologischen Grundlagen körperlichen Trainings

Dauerhafte Schonung des Körpers führt nicht dazu, dass dieser sich erholt, sondern dazu, dass er immer schwächer wird. Körperliche Herausforderungen dagegen halten den Organismus jung, vital, leistungsfähig und fit. Unser Organismus ist intelligent und er arbeitet ökonomisch, sodass er das abbaut, was nicht benötigt wird, um für den Erhalt dieser Systeme keine unnötige Energie zu verschwenden. Bei Bewegungsmangel baut er aus diesem Grund Muskulatur ab. Außerdem werden im gleichen Schritt auch die Organfunktionen geschwächt (vor allem gilt das für das Herz-Kreislauf-System) und die Stoffwechselreaktionen werden träge.

Umgekehrt sucht der Körper für stark beanspruchte Systeme funktionelle Lösungen, um langfristig mit wenig Aufwand mehr Leistung zu erbringen. Darum ist Sport so gut für unsere Gesundheit und stärkt insbesondere unser Herz-Kreislauf-System.

*Weil die Schwerkraft den Körper nicht mehr fordert, bauen Astronauten Muskulatur ab.*

### Umwelt und Anpassungsleistung des Körpers

Eine negative Folge der Anpassungsfähigkeit unseres Körpers bekommen Astronauten zu spüren, die wochenlang in der Schwerelosigkeit veränderten Erdanziehungskräften ausgesetzt sind. Weil im Weltall die Schwerkraft fehlt, wird die Haltemuskulatur der Astronauten nicht gebraucht und deshalb mehr und mehr reduziert. Bei der Rückkehr aus dem Weltraum ähnelt der Zustand von Astronauten dem bettlägeriger Patienten: Muskel- und auch Knochenmasse sind geschwunden, schlimmstenfalls sind die Astronauten nach ihrer Rückkehr nicht mehr in der Lage, selbstständig zu stehen. Daher werden in der modernen Raumfahrt aufwändige Programme durchgeführt, um ausgeprägte Rückbildungsprozesse der Muskulatur zu verhindern.

Die alltäglichen Inaktivitäten, die infolge des immer größer werdenden Komforts von Rolltreppen, Aufzügen und sonstigen Beförderungsmitteln entstehen, haben ähnlich negative Folgen für unseren Organismus. Auch sie bewirken Rückbildungsprozesse der Muskulatur.

## Warum erhöhte Anforderungen zu positiven Reaktionen führen

Die positiven Folgen unserer Anpassungsfähigkeit liegen darin, dass erhöhte Anforderungen an die Körpersysteme zu einer Verbesserung des Leistungsvermögens und auch unseres Wohlbefindens führen. Zunächst aber bewirken die erhöhten Anforderungen eine Ermüdung des Organismus. Die Leistungsfähigkeit wird kurzfristig gesenkt, denn der Körper muss ungewohnte Aufgaben erfüllen und das fordert seine Kraft. Sie haben das nach den ersten Trainingseinheiten bestimmt selber gemerkt. Die Ermüdung, die Sie nach dem Training verspürt haben, hat aber bereits den Anstoß für die Anpassung (den Leistungsaufbau) in Ihrem Körper gegeben.

## Für mehr Leistung: Ruhezeiten beachten

Regelmäßiges körperliches Training wirkt in vielfältiger Weise leistungssteigernd. Unmittelbar ermüdet es aber den Organismus und senkt das Leistungsniveau. So wird zum Beispiel niemand in der Lage sein, nach einem zweistündigen Tennismatch noch bei einem 100-Meter-Lauf Bestzeiten zu erreichen.

Tatsächlich braucht der Körper nach dem Sport Ruhe – fachmännisch gesprochen eine Regenerationsphase – um sein Leistungsniveau wieder herzustellen. Diesen Wiederherstellungsprozess nennt man Kompensation. Weil aber der Körper ein intelligentes System ist, stellt er nicht nur wieder her, sondern sorgt auch noch vor, um künftig solche Belastungen besser auffangen zu können: Er steigert das Leistungsvermögen der belasteten Körperstrukturen über das Ausgangsniveau hinaus – das ist die Superkompensation.

## Richtig fordern für die Superkompensation!

Die Abbildung rechts zeigt, dass man Reize für einen optimalen Leistungsfortschritt richtig setzen muss. Der Körper braucht eine gewisse Zeit, um seine Funktionsfähigkeit wiederherzustellen, sollte dann aber in der Phase der höchsten Erholung wieder trainiert werden, um sich in seinem Leistungsvermögen zu steigern. Werden die Reize gesetzt, bevor sich der Körper erholt hat, sind die Muskeln überfordert und die Leistungsfähigkeit nimmt trotz ständigen Trainings ab. Werden sie zu spät gesetzt, findet keine Steigerung statt.

## Anpassungsleistung des Körpers

Geben Sie Ihrem Organismus nach einer körperlichen Herausforderung Zeit zur Kompensation (Wiederherstellung seiner Funktionsfähigkeit) und Superkompensation (Steigerung des Leistungsvermögens). Wie lange der Körper Erholung benötigt, hängt von der Art des Trainings, von der Trainingsdauer und der Trainingsintensität ab. Nach einem mittelanstrengenden Ausdauertraining sollte ein regelmäßig aktiver Freizeitsportler (und dazu gehören Sie ja inzwischen) auf jeden Fall einen Tag Pause machen, bevor er eine weitere Ausdauertrainingseinheit durchführt.

## Warten Sie nicht zu lange

Wenn es auch wichtig ist, dass Sie Ihrem Körper nach dem Training ausreichend Zeit zur Erholung geben, gilt umgekehrt, dass Sie mit der nächsten Trainingseinheit nicht zu lange warten sollten. Um den Effekt der „Vorbeugung" nachhaltig zu nutzen, ist es am besten, das nächste Training zu absolvieren, wenn Ihr Organismus in der Phase der Superkompensation ist. Ist die Pause zu lang – trainieren Sie zum Beispiel nur einmal in der Woche –, pegelt sich der Organismus wieder auf dem ursprünglichen Niveau ein und Ihre Leistungsfähigkeit verbessert sich nicht. Auf diese Weise können Sie Ihren Leistungszustand höchstens halten, aber nicht steigern.

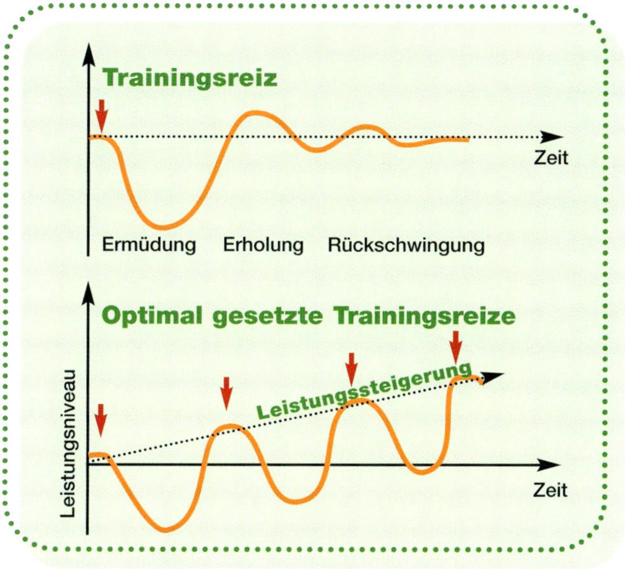


## Das Training verteilen

Aus diesem Grund sollten Sie im Ausdauerbereich etwa zwei bis drei Trainingseinheiten in der Woche absolvieren und ebenso viele Trainingseinheiten zur Kräftigung der Muskulatur. Die Pause zwischen zwei Ausdauertrainingseinheiten und zwischen den beiden Kräftigungstrainingseinheiten sollte mindestens 24 Stunden betragen.

*Bei Extrembelastungen muss auch die Erholungsphase ausgeprägter sein. Nach einem Marathon benötigt man Wochen, um sich von den Strapazen zu erholen.*

## Pause muss kein Müßiggang sein

**Pause bedeutet im Sporttraining nicht, dass man völlig inaktiv sein muss. Pause kann auch heißen, mit verminderter Intensität zu trainieren. Außerdem kann man die Pausenphase mit einer anderen Art des Trainings füllen (mit der Kräftigungsgymnastik „Mehr Power!“ zum Beispiel) und den Körper so auf verschiedene Weise belasten.**

## Mischen Sie Ihren Trainingsplan durch

Es ist sinnvoll und wichtig, die verschiedenen Trainingseinheiten so über die Woche zu verteilen, dass ausreichend Zeit zur Erholung gegeben ist und der Körper in unterschiedlicher Art und Weise angesprochen wird. Sie können beispielsweise Ihr Nordic-Walking-Training mit der Kräftigungsgymnastik abwechseln oder Ihr Ausdauertraining variieren und statt einer Nordic-Walking-Trainingseinheit auch einmal eine Fahrradtour einschieben. Während des Radfahrens kann sich die Oberkörpermuskulatur erholen und in den Beinen werden auch andere Muskelgruppen gefordert. Oder Sie gehen ins Hallen- oder Freibad und regenerieren, indem Sie entspannt einige Bahnen schwimmen. Variationen in Ihrem Sportprogramm sind außerdem sinnvoll, um Langeweile im Training vorzubeugen.

*Pausen und Erholung sind wichtig für Ihren Trainingserfolg. Planen Sie dafür genügend Zeit ein.*

Aktion 100.000 Schritte

## Ihr Programm für Woche 7: Zweimal 5500 Schritte (45 Minuten) Ausdauertraining und einmal 5000 Schritte (45 Minuten) Regenerationstraining

In der siebten Woche stehen wieder zwei Trainingseinheiten bei 70 bis 80 Prozent Ihrer maximalen Herzfrequenz an und zusätzlich eine Regenerationstrainingseinheit zwischen 60 und 70 Prozent. Die Trainingseinheiten mit Tempo umfassen um die 5500 Schritte beziehungsweise 45 Minuten. Ihre regenerative Trainingseinheit (60 bis 70 Prozent der maximalen Herzfrequenz) hat etwa 5000 Schritte oder 45 Minuten.

Führen Sie nach dem Walken Ihr „Dehnen Sie sich fit!"-Programm durch und kräftigen Sie Ihre Muskeln in dieser Woche dreimal mit der „Mehr Power!"-Gymnastik.

Wir haben noch eine weitere Aufgabe für Sie: Erstellen Sie für diese gut gefüllte Trainingswoche einen Trainingsplan, bei dem Sie das Ausdauer- und Kräftigungstraining so über die Woche verteilen, dass Ihr Körper optimal gefordert wird. Wie wichtig Ruhe und Abwechslung dabei sind, wissen Sie ja. Machen Sie Ihren Plan schriftlich und haken Sie alle erledigten Aktivitäten ab. Dokumentieren Sie Ihr Wochenpensum aber trotzdem noch einmal am Ende dieses Buches, damit Sie Ihre 100 000 Schritte in der nächsten Wochen bilanzieren können.

**16 000 Schritte näher am Ziel! Dreimal „Dehnen Sie sich fit!" und dreimal die „Mehr Power!"-Gymnastik.**

## So könnte Ihre Trainingswoche aussehen

| Trainingsart | Mo | Di | Mi | Do | Fr | Sa | So |
|---|---|---|---|---|---|---|---|
| Ausdauertraining | Nordic Walking: 5500 Schritte (70 bis 80 %) | | | Nordic Walking/ Regeneration: 5000 Schritte (60 bis 70 %) | | Nordic Walking: 5500 Schritte (70 bis 80 %) | |
| Dehngymnastik | „Dehnen Sie sich fit!" | | | „Dehnen Sie sich fit!" | | „Dehnen Sie sich fit!" | |
| Kräftigungsgymnastik | | „Mehr Power!" | | | „Mehr Power!" | | „Mehr Power!" |

*Für immer fit!*

# Woche 8: von Schritt 83 000 zu Schritt 100 000

In dieser Woche erreichen Sie nun Ihr Ziel, den 100 000. Schritt. Kompliment für Ihre Beharrlichkeit. Wir hoffen, dass Ihnen der Weg zur Aktivität leicht gefallen ist, dass Sie Lust und Laune am Sport gefunden haben und dass Sie Ihr bewegtes Leben dauerhaft weiterführen. Da sich das sportive Lebens- und Körpergefühl leider genauso schnell verflüchtigt wie es gekommen ist, heißt es dranbleiben! Planung und Abwechslung machen es Ihnen leichter.

## Abwechslung für dauerhaften Bewegungserfolg

Nicht nur Ihre Motivation, sondern auch Ihr Körpergefühl wird sich verbessern, wenn Sie die sportlichen Anforderungen variieren. Sollten Sie irgendwann einmal genug vom Nordic Walking haben, weichen Sie am besten eine Weile auf eine andere Sportart aus, die Sie reizvoll finden. Wenn Sie Ihre Gefühle verdrängen, laufen Sie Gefahr, irgendwann gänzlich mit dem Sport aufzuhören, weil Sie es leid sind, immer in gleicher Art und Weise unterwegs zu sein. Vielleicht reizt Sie ja zur Abwechslung eine ausgiebige Radtour oder eine Schwimmstunde im Frei- oder Hallenbad.

Am besten überlegen Sie sich vorab schon einmal Alternativen für den Ernstfall. Hauptsache, Sie bleiben aktiv! Und glauben Sie uns: Sehr schnell werden Sie dann wieder Lust auf Ihre Stöcke bekommen und walken wollen. Denn das gute an Tiefs besteht darin, dass danach wieder ein Hoch kommt.

## Nordic-Walking-Variationen

Es gibt auch innerhalb des Nordic Walkings viele Möglichkeiten, sich vor Langeweile zu schützen und sich die Lust daran zu erhalten. Wechseln Sie regelmäßig Ihre Gehstrecken ab, walken Sie zu unterschiedlichen Tageszeiten und erfreuen Sie sich an der Natur im Laufe der Jahreszeiten. Absolvieren Sie Ihr Training einmal alleine und versuchen Sie dabei, ganz bei sich zu sein. Gehen Sie das andere Mal in der Gruppe und sehen Sie es als ein schönes gemeinsames Erlebnis an. Variieren Sie Ihr Training in Intensität und Dauer und steigern Sie sich weiterhin. Stagnation macht das Leben langweilig. Seien Sie jedoch nicht enttäuscht, wenn sich Ihre Leistungsverbesserung nicht mehr in dem anfänglichen Maße weiterentwickelt und die Fortschritte mit besser werdender Fitness kleiner ausfallen. Das liegt in der Natur der Sache.

### Von der Leistungsverbesserung zur Leistungserhaltung

Wenn Sie mit dem sportlichen Training beginnen, können Sie infolge der großen Differenz zwischen Anforderung und körperlicher Fähigkeit eine sehr rasche Anpassungsleistung erwarten. Je besser Sie aber werden, umso geringer sind die Fortschritte. Bei einem hohen sportlichen Leistungsniveau ist ein großer Trainingsaufwand notwendig, um den Standard überhaupt zu halten.

AOK Die Gesundheitskasse.

### AOK-Tipp: Mehr Spaß und Motivation in der Gruppe

Zum besseren Durchhalten ist es sehr hilfreich, wenn man jemanden hat, mit dem man die Aktivität teilen kann. Erstens ist es lustiger zu zweit oder in der Gruppe und zweitens kommt man so zu festen Terminen, die es einzuhalten gilt. In vielen Städten gibt es neben Walking- oder Lauf-Gruppen inzwischen auch Nordic-Walking-Treffs von der AOK. Informieren Sie sich bei Ihrer AOK vor Ort oder Ihrem zuständigen Leichtathletik-Verband.

## Steigern Sie sich weiter mit Plan

In der letzten Woche haben Sie ja die Bedeutung der Trainingsplanung für Motivation, aber auch Leistungssteigerung kennen gelernt. Sie wissen, wie wichtig Trainingsplanung für Ihre Trainingsfortschritte ist und dass Sie mindestens einen Tag Pause zwischen zwei Ausdauertrainings- und zwei Kräftigungstrainingseinheiten machen sollten. Umgekehrt müssen zur angemessenen Forderung des Körper aber zwei bis drei Trainings pro Woche im Ausdauerbereich absolviert werden und ebenso viele Trainingseinheiten zur Kräftigung der Muskulatur.

## Ihr Vier-Wochen-Trainingsplan

In dieser letzten Woche des „Aktion 100.000 Schritte"-Programms setzen Sie dieses Wissen für ein größeres Projekt um. Nehmen Sie sich dafür bitte einen Kalender zur Hand und erstellen Sie Ihren eigenen Trainingsplan für die ersten vier Wochen nach Ende des Programms. Überlegen Sie sich auch ein paar neue Aktivitäten, die Ihnen Abwechslung bringen und die Sie vielleicht schon immer gerne einmal ausprobieren wollten, und sehen Sie diese als Alternative bei Unlust vor.

## Wie viel Aktivität darf es sein?

„Nicht zu viel, damit Sie sich nicht überfordern, nicht zu wenig, damit Sie nicht unterfordert sind", lautet die goldene Regel. Inzwischen sind Sie bei Trainingsumfängen gelandet, die beinahe eine Stunde umfassen, doch Sie können sich getrost noch auf 90-minütige Trainingseinheiten steigern. Die Steigerung des Umfanges einer Trainingseinheit von Fünf- bis Zehn-Minuten-Schritten sollten Sie dabei beibehalten und auf die Regenerationspausen zwischen den einzelnen Trainingseinheiten achten.

### Spaß treibt an

Ein wichtiges Motiv, sich mit etwas zu beschäftigen, ist der Spaß an einer Sache – für den Erfolg eines Bewegungsprogramms ist das sehr wichtig. Schauen Sie sich spielende Kinder an: Sie toben auf dem Spielplatz nicht über Schaukel und Klettergerüst, weil sie wissen, dass Bewegung gut ist für ihre körperlich-geistige Entwicklung. Sie toben und rennen, weil es Ihnen Spaß macht und weil die Bewegung für sie einen Eigenwert hat.

Erwartungen können sich nicht selten wie ein Bumerang verhalten. Wenn sie zu hoch ausfallen und der weiteren Überprüfung nicht standhalten, dann verursachen sie Frust und schlechte Gefühle. Vergällen Sie sich Ihre Bewegungsfreude nicht durch übertriebenen Ehrgeiz, sondern achten Sie immer wieder bewusst auf das Erlebnis der Aktivität selbst.

## Welche Intensität ist passend?

Wenn Sie die empfohlenen drei Ausdauertrainingseinheiten pro Woche weiterhin durchführen, dann sind zwei Trainingseinheiten mit 70 bis 80 Prozent der maximalen Herzfrequenz sinnvoll sowie eine Regenerationstrainingseinheit mit 60 bis 70 Prozent der maximalen Herzfrequenz. Wenn Sie dazu noch Ihre Dehn- und Kräftigungsgymnastik zwei- bis dreimal pro Woche absolvieren, steht einem dauerhaft schlanken und aktiven Leben nichts im Wege. Wir wünschen Ihnen viel Erfolg dafür!

Wir beide haben uns sehr gefreut, dass wir Sie 100 000 Schritte lang in Ihr bewegtes Leben begleiten durften.

*Kinder toben und klettern allein der Lust und Laune wegen. Diesen Bewegungstrieb müssen wir Erwachsene erst wieder finden.*

## Ihr Programm für Woche 8: Einmal Ausdauertraining und zweimal Regeneration

In der achten Woche absolvieren Sie eine Trainingseinheiten zwischen 70 und 80 Prozent der maximalen Herzfrequenz von etwa 6000 Schritten oder 45 Minuten Umfang. Zwei Trainingseinheiten werden mit 60 bis 70 Prozent der maximalen Herzfrequenz absolviert: die eine mit einem Umfang von 6000 Schritten oder einer Dauer von 50 Minuten, die anderen mit 5000 Schritten oder 45 Minuten. Zwischen den Trainingseinheiten lassen Sie Ihren Muskeln wieder Zeit zur Superkompensation.

Wie immer dehnen Sie sich nach dem Training fit und kräftigen sich in dieser Woche dreimal mit der „Mehr Power!"-Gymnastik. Erstellen Sie Ihren Trainingsplan für die nächsten vier Wochen und rechnen Sie Ihre 100 000 Schritte (oder mehr) zusammen. Und dann feiern Sie Ihren Erfolg und belohnen sich für Ihre Leistung!

**Mit 17 000 Schritten und Cool-down im Ziel! Dreimal „Dehnen Sie sich fit!" und dreimal die „Mehr Power"-Gymnastik.**

*Jetzt heißt es dranbleiben:*

# Vom Belohnen und Verstärken

Kompliment, dass Sie acht Wochen und eine Aufwärmwoche mit Stöcken konsequent gewalkt sind und sich eine ordentliche Ausdauerbasis aufgebaut haben. Dafür gönnen Sie sich nun eine Belohnung. Eine schicke Walkinghose vielleicht oder eine praktische Sportbrille, die nicht nur gut aussieht, sondern Ihre Augen auch vor Staub und Mücken schützt. Überlegen Sie sich, was Sie erfreuen könnte. Kleine Geschenke erhalten nicht nur die Freundschaft – Sie spornen auch zu weiterem Tun an.

Belohnungen, die auf ein Verhalten folgen, machen eine Wiederholung des Verhaltens wahrscheinlicher: das Verhalten wird verstärkt. Dabei ist die Größe des Geschenks gar nicht so wichtig. Die Verstärkung wirkt vielmehr über das innere Gefühl der Zufriedenheit und des Stolzes über die geschaffte Aufgabe.

## Belohnen Sie sich!

Wir empfehlen Ihnen, sich für Ihr aktives Verhalten gezielt zu loben und zu belohnen. Am besten tun Sie es dann, wenn es ganz besonders schwierig war, aktiv zu werden. Ein Beispiel: Da sportliche Aktivität außer Haus in Herbst und Winter eher unangenehm ist, hilft in solchen Situationen eine Belohnung. Überlegen Sie sich eine Belohnungsstrategie, insbesondere für die Zeiten der Not, für die Zeiten also, in denen Ihre sportlichen Ambitionen in die Krise geraten könnten. Denn dass das System der Belohnung tatsächlich wirkt und eine lang andauernde Wirkung zeigt, wurde in vielen Experimenten wissenschaftlich nachgewiesen. Allerdings sollte die Belohnung eingebunden sein in einen „Verstärker-Plan", der über die schweren Zeiten hinweghilft.

Obwohl Belohnungen für die Motivation wichtig sind, dürfen sie nicht maßlos eingesetzt werden, sonst verlieren sie ihre Wirkung. Außerdem ist es natürlich auch nicht Sinn der Sache, allein der Belohnung wegen aktiv zu werden.

*Es ist auch wichtig, stehen zu bleiben und zu genießen. Das gilt im Sporttraining wie auch im Leben.*

## Tun Sie sich Gutes im rechten Maß – Ihr Verstärker-Plan

Bonushefte sind gerade groß in Mode. Warum sollten Sie dieses Belohnungsprinzip Tankstellen, Krankenkassen oder Sparkassen überlassen – legen Sie sich ebenfalls ein Bonusheft an, nur für sich selbst. Tragen Sie sich darin zum Beispiel jedes Mal, wenn Sie eine Aktivität aus Ihrem Aktionsplan erfüllt haben, einen Punkt oder ein anderes Zeichen in eine Liste ein. Legen Sie fest, ab welcher Anzahl Sie die „Zeichen", die Sie sich für Ihr Verhalten gegeben haben, gegen einen Verstärker eintauschen: einen Brunch am nächsten Wochenende, einen Kinobesuch oder einen Saunabesuch zum Beispiel.

## Belohnungen müssen nicht teuer sein!

Es müssen nicht immer aufwändige und teure Dinge sein, die man sich in Aussicht stellt. Einen Wohlfühlabend mit Schaumbad oder ein ausgedehnter Kaffeeplausch bei der netten Nachbarin sind kostengünstige, aber trotzdem angenehme Belohnungen. Auch ein Picknick im Park statt des Abendessens oder eine Familienwanderung am Wochenende ... es gibt viele Möglichkeiten, sich Gutes zu tun.

Am besten überlegen Sie sich jetzt ein paar Belohnungen für sich und schreiben sich die Ideen auf. Aber eines ist nach wie vor wichtig: Der Reiz der körperlichen Aktivität ist eine Belohnung an sich. Damit Ihnen der Spaß am Sport erhalten bleibt haben wir die wichtigsten Trainingsgrundsätze für Sie kurz und knapp zusammengestellt.

### Trainingsgrundsätze für Spaß am Sport

1. Überfordern Sie sich beim Training nicht, achten Sie auf die Belastungsintensität.
2. Planen Sie Erholungsphasen ein.
3. Trainieren Sie nie, wenn Sie sich krank fühlen oder krank sind.
4. Hören Sie auf Ihren Körper und Ihre Gefühle. Vermeiden Sie Langeweile und variieren Sie das Training.
5. Treiben Sie auch gelegentlich Sport in der Gruppe, das macht das Dranbleiben leichter.
5. Kräftigen und dehnen Sie Ihre Muskulatur mit Gymnastik.
6. Belohnen Sie sich!

## Anhang 1: Ihr Nordic-Walking-Trainingsplan für die „Aktion 100.000 Schritte“!

| | Ihr Nordic-Walking-Trainingsumfang | Ihr Nordic-Walking-Training in Schritten (Circa-Angaben) | Ihr Nordic-Walking-Training in Zeit (Circa-Angaben) | Ihre Belastungs-intensität | Tragen Sie hier Ihre persönliche Nordic-Walking-Trainingsleistung ein (Schritte oder Minuten) | Ihr Gymnastik-programm. Wenn Sie es durch-geführt haben, haken Sie es einfach ab. |
|---|---|---|---|---|---|---|
| **Aufwärmwoche** | | | | | | |
| Aufwärm-woche | 2 x Nordic Walking<br>Techniktraining 1:<br>Techniktraining 2: | <br>mindestens 30 Minuten*<br>mindestens 30 Minuten* | | Langsam üben und auf den Be-wegungsablauf achten! Nicht aus der Puste kommen. | | |
| **Woche 1 bis Woche 4: Ihr Nordic-Walking-Basisprogramm** | | | | | | |
| Woche 1 | 2 x Nordic Walking<br>Trainingseinheit 1:<br>Trainingseinheit 2: | <br>4500 Schritte*<br>4500 Schritte* | <br>40 Minuten*<br>40 Minuten* | Es gilt das Motto „Walken und Talken“ | ☐<br>☐ | |
| Woche 2 | 2 x Nordic Walking<br>Trainingseinheit 1:<br>Trainingseinheit 2: | <br>4500 Schritte*<br>4500 Schritte* | <br>40 Minuten*<br>40 Minuten* | Es gilt das Motto „Walken und Talken“ | ☐<br>☐ | 2 x „Dehnen Sie sich fit!“ ☐ ☐ |
| Woche 3 | 2 x Nordic Walking<br>Trainingseinheit 1:<br>Trainingseinheit 2: | <br>5500 Schritte*<br>5500 Schritte* | <br>45 Minuten*<br>45 Minuten* | Es gilt das Motto „Walken und Talken“ | ☐<br>☐ | 2 x „Dehnen Sie sich fit!“ ☐ ☐ |
| Woche 4 | 2 x Nordic Walking<br>Trainingseinheit 1:<br>Trainingseinheit 2: | <br>5500 Schritte*<br>5500 Schritte* | <br>45 Minuten*<br>45 Minuten* | Es gilt das Motto „Walken und Talken“ | ☐<br>☐ | 2 x „Dehnen Sie sich fit!“ ☐ ☐<br>2 x „Mehr Power!”-Gymnastik ☐ ☐ |

## Woche 5 bis Woche 8: Ihr Nordic-Walking-Aufbauprogramm

| | | | | | | |
|---|---|---|---|---|---|---|
| Woche 5 | 2 x Nordic Walking<br>Trainingseinheit 1:<br>Trainingseinheit 2: | 6000 Schritte*<br>6000 Schritte* | 50 Minuten*<br>50 Minuten* | Die Trainings-intensität: liegt bei etwa 70 %** | | 2 x „Dehnen Sie sich fit!“<br>3 x „Mehr Power!”-Gymnastik |
| Woche 6 | 3 x Nordic Walking<br>Trainingseinheit 1:<br>Trainingseinheit 2:<br>Trainingseinheit 3 (zur Regeneration): | 5000 Schritte*<br>5000 Schritte*<br>5000 Schritte* | 40 Minuten*<br>40 Minuten*<br>45 Minuten* | 70 bis 80 %**<br>70 bis 80 %**<br>60 bis 70 %** | | 3 x „Dehnen Sie sich fit!“<br>2 x „Mehr Power!”-Gymnastik |
| Woche 7 | 3 x Nordic Walking<br>Trainingseinheit 1:<br>Trainingseinheit 2:<br>Trainingseinheit 3 (zur Regeneration): | 5500 Schritte*<br>5500 Schritte*<br>5000 Schritte* | 45 Minuten*<br>45 Minuten*<br>45 Minuten* | 70 bis 80 %**<br>70 bis 80 %**<br>60 bis 70 % | | 3 x „Dehnen Sie sich fit”<br>3 x „Mehr Power!”-Gymnastik |
| Woche 8 | 3 x Nordic Walking<br>Trainingseinheit 1:<br>Trainingseinheit 2 (zur Regeneration):<br>Trainingseinheit 3 (zur Regeneration): | 6000 Schritte*<br>6000 Schritte*<br>5000 Schritte* | 45 Minuten*<br>50 Minuten*<br>45 Minuten* | 70 bis 80 %**<br>60 bis 70 %**<br>60 bis 70 %** | | 3 x „Dehnen Sie sich fit!“<br>3 x „Mehr Power!”-Gymnastik |

Ihre Gesamttrainingsleistung Woche 1-8: Schritte/Minuten

* Die ersten 5 Minuten des Trainings wärmen Sie sich auf.
** der maximalen Herzfrequenz

## Liegt Ihr BMI im grünen Bereich?

| Körpergröße in cm \ Gewicht in kg | 52 | 54 | 58 | 62 | 66 | 70 | 74 | 78 | 82 | 86 | 90 | 94 | 98 | 102 | 106 | 110 | 114 |
|---|---|---|---|---|---|---|---|---|---|---|---|---|---|---|---|---|---|
| 148 | 24 | 25 | 26 | 28 | 30 | 32 | 34 | 36 | 37 | 39 | 41 | 43 | 45 | 47 | 48 | 50 | 52 |
| 152 | 23 | 23 | 25 | 27 | 29 | 30 | 32 | 34 | 35 | 37 | 39 | 41 | 42 | 44 | 46 | 48 | 49 |
| 156 | 21 | 22 | 24 | 25 | 27 | 29 | 30 | 32 | 34 | 35 | 37 | 39 | 40 | 42 | 44 | 45 | 47 |
| 160 | 20 | 21 | 23 | 24 | 26 | 27 | 29 | 30 | 32 | 34 | 35 | 37 | 38 | 40 | 41 | 43 | 45 |
| 164 | 19 | 20 | 22 | 23 | 25 | 26 | 28 | 29 | 30 | 32 | 33 | 35 | 36 | 38 | 39 | 41 | 42 |
| 168 | 18 | 19 | 21 | 22 | 23 | 25 | 26 | 28 | 29 | 30 | 32 | 33 | 35 | 36 | 38 | 39 | 40 |
| 172 | 18 | 18 | 20 | 21 | 22 | 24 | 25 | 26 | 28 | 29 | 30 | 32 | 33 | 34 | 36 | 37 | 39 |
| 176 | 17 | 17 | 19 | 20 | 21 | 23 | 24 | 25 | 26 | 28 | 29 | 30 | 32 | 33 | 34 | 36 | 37 |
| 180 | 16 | 17 | 18 | 19 | 20 | 22 | 23 | 24 | 25 | 27 | 28 | 29 | 30 | 31 | 33 | 34 | 35 |
| 184 | 15 | 16 | 17 | 18 | 19 | 21 | 22 | 23 | 24 | 25 | 27 | 28 | 29 | 30 | 31 | 32 | 34 |
| 188 | 15 | 15 | 16 | 18 | 19 | 20 | 21 | 22 | 23 | 24 | 25 | 27 | 28 | 29 | 30 | 31 | 32 |
| 192 | 14 | 15 | 16 | 17 | 18 | 19 | 20 | 21 | 22 | 23 | 24 | 25 | 27 | 28 | 29 | 30 | 31 |
| 196 | 14 | 14 | 15 | 16 | 17 | 18 | 19 | 20 | 21 | 22 | 23 | 24 | 26 | 27 | 28 | 29 | 30 |
| 200 | 14 | 14 | 15 | 16 | 17 | 18 | 19 | 20 | 21 | 22 | 23 | 24 | 25 | 26 | 27 | 28 | 29 |
| 204 | 13 | 14 | 15 | 16 | 16 | 17 | 18 | 19 | 20 | 21 | 22 | 23 | 24 | 25 | 25 | 26 | 27 |
| 208 | 12 | 13 | 14 | 15 | 15 | 16 | 17 | 18 | 19 | 20 | 21 | 22 | 23 | 24 | 25 | 25 | 26 |

Gewicht in kg

| Kategorie | BMI (kg/m²) | Gesundheitsrisiko* |
|---|---|---|
| Untergewicht | kleiner 18,5 | normal** |
| Normalgewicht | 18,5 bis 24,9 | normal |
| Übergewicht | 25 bis 29,9 | gering erhöht |
| Starkes Übergewicht | 30 bis 34,5 | erhöht |
| Sehr starkes Übergewicht | 35 bis 39,9 | hoch |
| Extremes Übergewicht | größer 40 | sehr hoch |

*Das gesundheitliche Risiko des Übergewichts betrifft im Wesentlichen zwei große Gruppen von Erkrankungen: Stoffwechselerkrankungen, unter denen der Diabetes Typ II typisch ist, und Herz-Kreislauf-Erkrankungen.

**Bei Untergewicht ist zwar das Risiko für Stoffwechselerkrankungen und Diabetes Typ II unterdurchschnittlich, dafür aber besteht beispielsweise die Gefahr von Mangelerscheinungen, Leistungsschwäche, Müdigkeit und Schwindel.

Ihr kompetenter Partner
für Nordic Walking!
NORDIC
WALKING
SPORT
2000
SPORT 2000
your professional sportshop
your professional sportshop ... über 3000- mal in Europa.
www.SPORT2000.de

# Gesund und fit durchs Jahr

## Die PfundsKur – Das Kochbuchpaket

Die Pfundskur ist Deutschlands erfolgreichste Gesundheitsaktion: Sie ist die dicke Chance für die schlanke Linie. Weniger Gewicht und mehr Lust auf Leben! Wie man mit mehr Geschmack und weniger Fett kocht, zeigt Ihnen der PfundsKur-Koch Ewald Braden in „Die PfundsKur – Das Kochbuch“ und „So kriegst du dein Fett weg“. Die beiden Bücher ergänzen sich hervorragend und bringen Sie schlank und fit durchs Jahr.

Ewald Braden
**Die PfundsKur – Das Kochbuch**
160 Seiten, broschiert
ISBN 3-930723-55-7

Ewald Braden
**So kriegst du dein Fett weg**
*Fettarm kochen mit Ewald Braden*
256 Seiten, gebunden
ISBN 3-930723-05-0

## Schritt für Schritt zum Marathon

Wollten Sie immer schon zum Kreis der Marathonis gehören, haben aber bis jetzt noch nicht den Einstieg ins Training geschafft? Dieses Buch zeigt Ihnen den Weg. Tipps rund ums Laufen, detaillierte und kommentierte Pläne für ein zwölfmonatiges Marathontraining, ein ausführliches Glossar und spannende Informationen zum Mythos „Marathon“ helfen Ihnen bei der optimalen Vorbereitung.

Rolf Schlenker
**Laufen lernen mit der „von-null-auf-42“-Methode**
*Vom Nichtläufer zum Marathoni*
96 Seiten, broschiert
ISBN 3-936682-35-6

**Besuchen Sie uns auch im Internet: www.hamppverlag.de**

---

Hampp Verlag
Schockenriedstraße 4
70565 Stuttgart
Fax: 0711/78292-199

**Vertrieb:**
Gerd Hexelschneider
Telefon: 0711/78292-140
E-mail: vertrieb@hamppverlag.de

www.urlaubsfit.com
*Ihr Wohlfühl- & Fitnessurlaub*

# Gutschein

Bei Buchung eines Nordic-Fitness-Urlaubspackages in einem Partnerbetrieb von **www.urlaubsfit.com** können Sie diesen

**€ 30,– Gutschein einlösen.**

Alle Details zu den Nordic-Fitness-Urlaubspackages sowie zu den Partnerbetrieben finden Sie unter **www.urlaubsfit.com**

..............................................
Vorname

..............................................
Name

..............................................
Straße

..............................................
Ort

..............................................
Tel.

..............................................
E-Mail

Bedingungen für die Einlösung des Gutscheines:
Der Gutschein im Wert von € 30,– kann nur bei Buchung eines Nordic-Fitness-Urlaubspackages (Mindestaufenthaltsdauer von 3 Nächten) in einem Partnerbetrieb von „www.urlaubsfit.com" eingelöst werden. Die Buchung muss direkt über die jeweilige Ferienregion oder einen Partnerbetrieb erfolgen. Pro Buchung kann nur 1 Gutschein eingelöst werden. Eine Barablöse ist nicht möglich. Der Gutschein ist gültig bis 31.03.2006.

hier ausschneiden und einschicken

# Gewinnspiel

## Gewinnen Sie mit Nordic Walking

exel

**www.urlaubsfit.com**

**1.–3. Preis:**
Ein Nordic-Walking-Wochenende in Österreich/Südtirol, inklusive Halbpension und Nordic-Walking-Kurs für jeweils 2 Personen in einem 4-Sterne-Partnerhotel von www.urlaubsfit.com

Aktion 100.000 Schritte

**4.–20. Preis:**
Ein Paar hochwertige Nordic-Walking-Stöcke des Markenherstellers Exel

------------------------------------------
Name, Vorname

------------------------------------------
Straße, Hausnummer

------------------------------------------
Postleitzahl, Wohnort

------------------------------------------
E-Mail

------------------------------------------
Körpergröße (wegen Stocklänge)

einsenden an:
**Hampp Verlag**
**Gerd Hexelschneider**
**Schockenriedstr. 4**
**70565 Stuttgart**
**Kennwort „Walk dich fit"**

**Hampp**Verlag

Die Ziehung erfolgt am 30.09.2005. Die Gewinner werden schriftlich benachrichtigt.
Der Rechtsweg ist ausgeschlossen.